François Charles

Recueil de Management Tome 1

François Charles

Recueil de Management Tome 1

Éditions Vie

Impressum / Mentions légales
Bibliografische Information der Deutschen Nationalbibliothek: Die Deutsche Nationalbibliothek verzeichnet diese Publikation in der Deutschen Nationalbibliografie; detaillierte bibliografische Daten sind im Internet über http://dnb.d-nb.de abrufbar.
Alle in diesem Buch genannten Marken und Produktnamen unterliegen warenzeichen-, marken- oder patentrechtlichem Schutz bzw. sind Warenzeichen oder eingetragene Warenzeichen der jeweiligen Inhaber. Die Wiedergabe von Marken, Produktnamen, Gebrauchsnamen, Handelsnamen, Warenbezeichnungen u.s.w. in diesem Werk berechtigt auch ohne besondere Kennzeichnung nicht zu der Annahme, dass solche Namen im Sinne der Warenzeichen- und Markenschutzgesetzgebung als frei zu betrachten wären und daher von jedermann benutzt werden dürften.

Information bibliographique publiée par la Deutsche Nationalbibliothek: La Deutsche Nationalbibliothek inscrit cette publication à la Deutsche Nationalbibliografie; des données bibliographiques détaillées sont disponibles sur internet à l'adresse http://dnb.d-nb.de.
Toutes marques et noms de produits mentionnés dans ce livre demeurent sous la protection des marques, des marques déposées et des brevets, et sont des marques ou des marques déposées de leurs détenteurs respectifs. L'utilisation des marques, noms de produits, noms communs, noms commerciaux, descriptions de produits, etc, même sans qu'ils soient mentionnés de façon particulière dans ce livre ne signifie en aucune façon que ces noms peuvent être utilisés sans restriction à l'égard de la législation pour la protection des marques et des marques déposées et pourraient donc être utilisés par quiconque.

Coverbild / Photo de couverture: www.ingimage.com

Verlag / Editeur:
Éditions universitaires européennes
ist ein Imprint der / est une marque déposée de
OmniScriptum GmbH & Co. KG
Heinrich-Böcking-Str. 6-8, 66121 Saarbrücken, Deutschland / Allemagne
Email: info@editions-ue.com

Herstellung: siehe letzte Seite /
Impression: voir la dernière page
ISBN: 978-3-639-79373-4

Recueil de management

TOME 1

François CHARLES

LA NEGOCIATION RAISONNEE STRATEGIQUE
et PSYCHOLOGIQUE

La négociation peut s'appliquer dans toute situation commerciale, salariale, sociale, familiale, politique, diplomatique, militaire etc Quand j'enseigne la négociation ou je l'accompagne, on me dit souvent « mais oui, bien sur je le savais » en oubliant certains principes élémentaires avant de passer la ligne imaginaire de l'échange, qu'il soit normal ou de crise.

Quand je la fais découvrir aux militaires, pour leur reconversion, ils me répondent « moi, pas de négociation, je tue et je tape d'abord », quand je cherche à faciliter des conflits territoriaux ou personnels, on me dit, souvent en projection, « qu'ils doivent déjà abandonner leurs égos », quand il s'agit d'affaires commerciales ou de management, on cherche avant tout à faire passer ses arguments sans considérer l'autre et surtout certaines réalités comme quand on vend un bien en l'état sans imaginer les travaux réalisables.

A cela je réponds que la réussite dans la protection des retours industriels français à l'OTAN a résidé dans la remise à plat et l'analyse des réalités pour définir les cartes de négociation qui nous permettaient d'avoir davantage de force et plus d'alliés vis-à-vis de nos concurrents, plutôt que de défendre nos positions « à la baïonnette ».

Je conçois que les objectifs et les réalités peuvent être différents, qu'il n'est pas toujours nécessaire, opportun, utile, judicieux même voire sain de négocier ; que certaines négociations ont évité ou retardé des guerres mais que certaines, plutôt dépendantes qu'interdépendantes et déséquilibrées n'auraient du avoir lieu avec un

3

peu de courage (1938, 39 et d'autres). A chaque fois, les options d'actions devraient être analysées dans une compréhension du processus et du fond. Bien entendu, tout dépend de l'objectif stratégique à atteindre (quoi, pourquoi et quand), de vos forces et faiblesses par rapport aux opportunités et aux menaces (SWOT) de la partie adverse et de l'environnement et ensuite de la manière de les atteindre.

Négocier signifie engager des pourparlers, procéder à des échanges de vue, voire gagner et acquérir un avantage par une notion de pouvoir « sur » et « pour » sans forcément que l'autre partie perde totalement ses possessions ou ses revendications. La négociation gagnant gagnant n'est pas forcément à 50/50. La dissuasion est aussi une carte de négociation qui permet d'avancer en protection. Mais attention, c'est à double tranchant car tout le monde risque aussi de perdre si la partie adverse détient les mêmes armes nucléaires et s'en sert.

Les négociations sur les positions doivent être évitées pour de multiples raisons. Imaginez les tranchées de Verdun et l'immobilisme qui en a résulté. Pour celles et ceux qui connaissent le théorème de Nash avec le symbole de l'infini, le jeu consistera plutôt à chercher les éléments d'intérêt qui mériteront que l'ennemi s'y intéresse puis à l'amener sur votre terrain, en effectuant de nombreux aller retour en fonction de l'énergie consommée par les deux parties pour essayer de se comprendre. Il n'existe pas un seul jeu mais souvent de nombreux jeux simultanés et une certaine manipulation positive pour apprendre à l'autre ce que l'on veut et fournir les bases possibles d'un accord. Mais gare si l'on revient trop souvent sur ses positions car l'accord peut être retardé.

La guerre de positions défendues « à la baïonnette » sur le processus et non sur le fond est inefficace et stérile entre deux adversaires de même force « obtenez 80 % sans négocier ! ». Plus on se concentre sur le contenu et sur les intérêts, plus on oublie les positions « deux ou trois inspections ? mais…qu'entendez vous par inspection ? » ; La discussion sur des positions facilite les « si on va au cinéma ce sera ce film là ou rien » ; Quand les parties sont nombreuses, la négociation sur les positions est encore pire « Qui a encore une revendication ? ». Enfin, la négociation douce donne des résultats rapides si tout le monde joue le jeu mais celui qui choisit la douceur face à un adversaire dur risque d'y laisser des plumes «Veux-tu l'autre joue ?»

La négociation raisonnée considère que les participants sont là pour résoudre un différend ; l'objectif est de conclure à l'amiable un accord judicieux et efficace ; qu'il convient de traiter séparément les questions de personnes et le différend (séparer le jaune du blanc de l'œuf en les cuisinant tous les deux); qu'il faut être doux à l'égard des hommes et dur à l'égard du différend ; que la confiance n'entre pas en ligne de compte. Elle considère qu'il faut se concentrer sur les intérêts en jeu et non sur les positions ; étudier les intérêts ; éviter d'avoir des exigences minimales (à modérer); imaginer des solutions pour un bénéfice mutuel ; mettre au point des solutions variées parmi lesquelles choisir ; remettre les décisions à plus tard ; exiger l'utilisation de critères objectifs ; obtenir un résultat fondé sur des critères indépendants de la volonté, raisonner et être ouvert aux raisons de l'adversaire, céder au principe, pas à des pressions.

Vous avez le choix entre un jeu « doux » sur « la » relation ou un jeu « dur » sur la relation « de force » : Les participants sont amis ou ennemis ; l'objectif est de parvenir à un accord ou de gagner ; faire des concessions pour cultiver les relations ou pour la poursuite des relations ; on fait confiance aux autres ou on s'en méfie ; on modifie sa position sans difficulté ou on s'y cantonne ; on fait des offres ou des menaces ; on dévoile ses exigences minimales ou on les trompe ; on accepte des pertes unilatérales pour parvenir à un accord ou on exige des avantages unilatéraux comme prix d'un accord ; on recherche LA solution que l'autre devrait accepter ou que l'on peut soi-même accepter ; l'important est de parvenir à un accord ou de rester sur sa position ; on essaie d'éviter l'affrontement de volontés ou de gagner dans un affrontement de volonté ; on cède aux pressions ou on exerce des pressions.

Il convient aussi de trouver une Meilleure Solution de Rechange (MESORE) permettant notamment à l'adversaire de vivre la négociation comme un contrat commun pris avec responsabilité annihilant tout esprit de revanche. La négociation raisonnée s'intéresse au fond et sur l'enjeu de la négociation pour satisfaire les intérêts respectifs des parties en présence avec 4 points fondamentaux : traiter séparément les questions de personne et le différend pour aboutir à un accord à l'amiable se concentrer sur les intérêts en jeu et non sur les positions ; imaginer un grand éventail de solutions avant de prendre une décision ; exiger que le résultat repose sur des critères objectifs. Au début de chaque séance, je donne souvent 15 minutes aux belligérants pour qu'ils « se lâchent » entre eux puis je leur fait « poser leurs armes » pour « bosser » objectivement. Ils comprennent vite que l'intention cachée a été découverte et où est le réel enjeu.

Mais vous en apercevez, cela ne fonctionne pas de la même façon en fonction de vos interlocuteurs surtout s'ils sont éloignés culturellement. Il conviendra de comprendre comment il est (mopho), comment il parle sur ses 6 profils (PCM) et comment il marche (Jung) puis d'ouvrir la bonne porte d'entrée psychologique en écoute active. Le meilleur exercice est la prise d'otage où il s'agit de faire sortir le forcené sans contact. La fourni sortira–t-elle aussi vite de sa tranchée que le lion? Et n'oubliez pas vos fioles de position magique ou vos techniques de swich de PNL bien efficaces pour effacer le côté obscur de la force que l'autre veut vous faire partager.

PRAJI, OPAC^{3}Q^3 5S et 5M
DE PREPARATION ET DE CONDUITE
DE REUNION

Ces quatre termes mnémotechniques d'organisation, dont deux sont de ma création, peuvent vous aider à ne rien laisser au hasard pour vos préparations et conduites de réunions d'achat, de vente, de réception, de négociation...ou de tout type d'évènement. J'aurais aimé les maîtriser autrefois lors de mes réunions internes, ou de négociation, de gestion de crise au niveau national, internationales, ministérielles, industrielles, ou avec les collectivités...

Issus d'applications différentes, ils peuvent être utilisés de façon universelle pour n'importe quel usage. L'un d'eux vient de l'analyse transactionnelle, l'autre est déjà connu dans l'organisation mais dans une forme dont je défie quiconque de pouvoir s'en souvenir. Les deux derniers viennent de l'industrie, plus connus des ingénieurs. Souvent repris dans mes booklets mémos, il font partie du concept tranverse SPM de NOVIAL. Nous passerons les en revue sans toutefois les traiter de façon exaustive.

Pour bien organiser une réunion, comme pour faire un gâteau, prenez deux œufs, en cassant la coquille opaque, découvrez ... le jaune et le blanc ou parfois autre chose... était-ce contrôlable ou non ? Ainsi, vous souviendrez mieux du terme OPAC^{3}Q^3 qui est donc l'inverse et de ses 9 composantes

Posez vous d'abord les questions stratégiques les plus importantes : QUOI ? (Quelle réunion faire, de quoi allons nous parler ?...) POURQUOI la faire, dans quel but ? (...) et QUAND la faire en terme d'organisation et de façon judicieuse, surtout sans

7

oublier les autres réunions possibles qui empêcheraient son succès ou imposerait son report.

Ensuite seulement passez à la tactique : Où la faire ? Attention le lieu est aussi quasi stratégique. L'ambiance doit-elle être feutrée, normale ou austère ? A l'extrême, peut-on brouiller la salle et les communications ? L'environnement est-il bruyant ? La salle n'est-elle pas déjà réservée ! … QUI va la faire ? Il peut s'agir d'une ou plusieurs personnes en fonction de l'auditoire, (…) et AVEC QUI ? connaissez-vous vos interlocuteurs ? qui va jouer le gentil et le méchant ? voire CONTRE QUI (dans le cas d'une négociation ou d'une régulation) ? COMMENT (organisation, contenu, doit-on placer les participants, doivent-ils ou non avoir le soleil dans les yeux… quelle structuration du temps…) ? et, celle que l'on oublie toujours, COMBIEN sommes nous, combien faut-il prévoir de… cela va-t-il me coûter ? Dois-je prévoir des cadeaux (visite ou réception) ? Je ne rentrerai pas trop dans les détails. Oui, je sais vous connaissiez : c'est le OQQOCPCQPCQPPCQ etc … sourire

Viens ensuite le PRAJI de l'analyse transactionnelle qui va être nouveau pour la plupart d'entre vous, même dans son contenu. Il est surtout établi pour évaluer et équilibrer sa journée de travail pour soi et avec les autres. Mais il est très utile également pour ne rien laisser au hasard lors d'une réunion. Le terme PRAJI vient des lettres suivantes dont il faut veiller l'équilibre mais aussi maîtriser l'existence.

Passe-temps (5% du temps) : faites attention aux bavardages privés qui sont des signes d'ennui ou de contre propositions à venir ou qui peuvent perturber. Mais n'oubliez pas non plus qu'un passe-temps peut aussi être utilisé par vos participants pour retrouver une certaine concentration (regarder par la fenêtre…)

Rituels : (15%) N'oublions pas de dire bonjour. Il est souvent d'usage d'apporter des rafraîchissements ou des cafés avant ou pendant la réunion. Ne le négligez pas, même si ce n'est pas votre truc ! Les empathiques et les rebelles, voire les persévérants apprécieront. Pensez à commencer votre réunion en alimentant tous les besoins psychologiques (chaleur, informations, opinions, action, jeux) et à les entretenir pendant la réunion. Un rituel sera également de ne pas oublier de réfléchir aux éléments de langage et d'argumentations, et si possible la connaissance des participants AVANT de passer la ligne imaginaire de la porte de la salle ou de l'établissement. Enfin, quand dois-je offrir un cadeau et dois-je ou non l'ouvrir pour éviter tout conflit diplomatique …

Avant, pendant et après la réunion, pensez au rituel du 5S (initiales japonaises de débarrasser, ranger, nettoyer, tenir en ordre, respecter les règles) surtout connu dans l'industrie. Il sera indispensable pour s'assurer que tout va fonctionner, que les règles sont respectées (timing, contenu, régulation de parole…), que tout va être rangé et que le compte rendu va être fait. J'aime aussi utilisr le 5S de façon décloisonnée et qui peut d'ailleurs servcir de fil rouge universel pour les élèves visitant des entreprises

Certains seront plus familiers du 5M d'ISHIKAWA et plutôt adapté à la gestion de production : quel Matériel ? donc de quel équipement vidéo, électrique, etc ; quelle Matière (connaissez vous le fond du du sujet) ? Quelles Méthode(s) allez vous employer (GROW, SMART, SADT …) ? Quelle Main d'œuvre ? (qui, avec qui) et quel Milieu (lieu, environnement, contexte)

Accordez parfois des phases de Retrait (10%) si vous ou les autres parties ont besoin de discuter entre elles (parfois aussi une bonne façon de freiner les passe temps bruyants). Parfois aussi certaines personnes s'y engouffreront seuls pour retrouver la concentration. Mais inquiétez vous-en si vous ne voulez pas une réunion à sens unique, à refaire car sans validation.

9

La principale occupation de la réunion est le travail et donc l'Activité (65%). Il s'agit d'échange d'informations de façon plutôt objective, sans émotion ni stress avec gestion et concentration de l'énergie pour atteindre un but. Il sera d'autant plus efficace si les autres tiroirs du meuble seront traités.

Les Jeux (5%) : il est rare qu'une réunion ne soit pas le lieu d'affrontement entre personnes, une sorte d'arène avec transactions croisées, d'apparence socialement correctes mais négativement cachées avec manipulation. « alors, vous êtes enfin venus ? … » Tentez de les limiter au maximum en tant que régulateur pour préserver l'activité. Bien souvent, une des solutions est de passer la phase d'intimité.

L'Intimité (5%) peut, voire doit, faire aussi partie de la réunion afin d'évacuer les problèmes pouvant empêcher d'atteindre l'objectif attendu. Contrairement aux jeux, cette phase doit être franche. Elle peut être vécue en séance ou en dehors du lieu de réunion « je préfère vous dire dès maintenant que… …» mais cela peut être aussi l'annonce de réalités difficiles n'ayant aucun lien avec les interlocuteurs. Je l'emploie souvent au début en disant, sans même trop plaisanter, que les participants ont 15 minutes pour se défouler mais qu'ensuite les pistolets seront posés pour travailler sereinement et de façon objective. N'oublions pas que pour obtenir une négociation raisonnée, les problèmes de personnes doivent être considérés, traités et évacués et non ignorés.

Mais je conçois que tout ceci sera plus ou moins facile en fonction de vos préférences et de vos zones d'ombre psychologiques. Mais là ce sont d'autres outils…

LA FAMEUSE « COURBE DU DEUIL » UNIVERSELLE

Nous en avons beaucoup entendu parler lors des événements chez un opérateur national pour annoncer ce qui allait se passer inéluctablement après un licenciement.

Très utilisée en ressources humaines car il s'agit de gérer nos émotions, cette courbe peut être employée pour la perte d'un être cher mais aussi par exemple pour la perte d'un contrat, d'un emploi, d'un client, d'un projet, d'une entreprise, d'une négociation, d'une apparition de crise notamment à l'international ou lors d'un vol, mais aussi dans le domaine du sport individuel ou d'équipe et c'est bien naturel car nous ne sommes pas des machines sauf que, comme nous l'aborderons, ces dernières peuvent aussi s'y intégrer judicieusement

Elle pourrait aussi être capitalisée positivement dans le cas d'un succès pour engranger une émotion positive dont on peut avoir besoin ensuite comme une ancrage et une « fiole de potion magique » de PNL.

Mais que dit elle, qu'exprime-t-elle et comment la maîtriser plutôt que la subir ? Quels sont les objectifs, les réalités et les options de fonctionnement ?

Aimeriez vous vous déplacer avec un boulet grossissant jour après jour comme dans cette publicité que nous voyons actuellement ? Evidemment non, c'est un peu l'objectif de vie et de travail que je vous propose.

Savoir faire le deuil permet de maîtriser son énergie lors d'un événement plus ou moins annoncé et de faire qu'une crise soit estompée. Mieux vaut affronter une vaguelette qu'un tsunami. Elle vous permettra aussi de progresser en comprenant et conservant les éléments constructifs. Et si vous êtes cavalier, vous pourrez éviter à votre monture de prendre un « coup de jus » émotionnel. Mais quel que soit l'événement, l'important est de vivre chaque phase l'une après l'autre, sans en oublier et jusqu'au bout comme un traitement médical. Enfin, ne cherchez pas à copier le modèle de votre voisin ni à la critiquer, chacun vivra son deuil à son rythme, avec ses expériences et ses conclusions.

D'abord l'état de choc. Il peut être physique, émotionnel, mental, mécanique, alimentaire… il est souvent associé à un coup de théâtre plus ou moins annoncé qui peut être déclenché quand l'autre, s'il s'agit d'une personne, a terminé son « carnet de timbre ». Et peut-être faut-il aussi changer vos lunettes ou nettoyer vos oreilles…

Puis le déni : ils ont du se tromper, pourquoi moi ? Qu'ai-je donc fait pour métier cela ? Dans cette phase, vous êtes généralement en déficit énergétique et émotionnel. N'hésitez pas à vous faire aider par des éléments extérieurs pour prendre du recul ou à faire confiance aux machines sauf si justement ce sont elles qui font défaut.

Puis la colère : vers l'extérieur sans forcément casser d'assiettes ou contre soi de façon vertueuse, et souvent on oublie cette phase très importante. Si elle n'apparaît pas, imaginez un volcan qui risque d'exploser de toute façon à tout moment !

Puis le marchandage : et si on réécrivait l'histoire ? C'est le moment de reconnaître et partager les tords, de découvrir que le blâme n'est pas forcément la solution, que ce n'est peut-être qu'un processus, que peut être une meilleure préparation aurait été importante, qu'une révision régulière aurait sans doute pu détecter une anomalie grandissante…

Puis enfin la dépression préparatoire : accepter la réalité pour mieux se reconstruire, comme si vous aviez atteint le fond de la piscine pour donner une impulsion du pied afin de remonter au niveau initial mais pourquoi pas un niveau supérieur.

La différence résidera dans « le coup de tamis » : choisissez votre grille, puis positionnez vous au dessus du ruisseau qui emportera pour toujours les éléments à oublier et gardez les pépites que vous n'imaginiez même peut-être pas !

HEURE D'HIVER OU HEURE D'ETE?

Voilà, vous avez reculé votre montre d'une heure. Comme chaque fois on a reparlé de l'acclimatation difficile des enfants ou des vaches et les journalistes se sont trompés quant au blâme de la mesure, comme si désormais nous en avions oublié l'origine ou si nous n'avions plus envie de revenir sur les bases initiales.

Il semble intéressant de se rappeler l'historique, se donner une méthode infaillible pour se souvenir de l'organisation horaire, se demander pourquoi nous semblons avoir « adopté » l'heure d'été et enfin si nous ne pourrions pas en tirer profit pour d'autres sujets.

Pour revenir à nos méthodes de coaching stratégique et opérationnel, je poserai le « SWOT » de l'objectif positif initial : prendre une mesure d'ampleur pour économiser de l'énergie. Les réalités étaient, dans les années 70, que la France portait encore une dynamique financière assez saine (force), qu'il fallait trouver un substitut au pétrole (faiblesse), que nos voisins avaient le même souci (avantage) et que l'on pouvait essayer de mieux utiliser l'énergie solaire (opportunité) si possible dans une dynamique partagée au niveau européen, comme la TVA, mais avec des « risques » de rejets par « non interopérabilité » (inconvénient - menaces).

Une des options retenues fut d'adapter nos journées au soleil pendant les mois les plus longs pour allumer nos lampes une heure plus tard. Un objectif mesurable, réaliste, réalisable et déterminé dans le temps ! On sait maintenant que l'on économise l'énergie d'une grande ville et de sa périphérie. Une goutte d'eau en somme mais qui peut donner une rivière si généralisée. Socialement, elle procure aussi des soirées plus longues et conviviales et on ne parle plus des problèmes de conflits d'horaires aériens. Elle est donc devenue populaire. Mais surtout elle responsabilise.

En prenant les modélisations de Jung, on aura pu remarquer que les extravertis en auront plus parlé de les introvertis, que les conceptuels l'auront plus spontanément accepté que les concrets, tout comme peut-être ceux à la pensée logique que les sensitifs et évidemment les adaptables plus que les organisés. En terme de méthode, les militaires utilisent souvent l'heure Z du soleil. Notre heure A d'hiver s'en éloigne d'une heure et notre heure B d'été s'en éloigne de deux heures. Ensuite il est simple de savoir s'il faut avancer ou reculer. Mais il est vrai que le service militaire n'existe plus...

Mais l'avez-vous remarqué ? Fin octobre c'est apparemment désormais l'heure d'hiver d'origine qui ennuie finalement tout le monde et qui est plutôt montrée du doigt, sauf à dormir ou faire la fête une heure de plus une fois par an, alors que c'est l'heure d'été qui a modifié les horaires. Mais il semble logique de revenir sur les bases initiales en suivant l'ensoleillement au risque d'annuler le gain réalisé sauf à prouver qu'il est utile de conserver un même modèle toute l'année.

Posons-nous les mêmes questions sur les horaires de travail, les retraites, le domaine social ou financier en général. Ne faut-il pas savoir adopter certaines mesures qui semblent impopulaires mais qui procurent en définitive un confort de vie appréciable ou a contrario qui peuvent aussi nécessiter des retours en arrière par soucis de bonne gestion. N'est ce pas finalement un problème de communication, une absence de partage de vision, de responsabilisation ou de prise de conscience individuelle et collective ? Il en va de même pour notre espace européen.

COACHING PROFESSIONNEL ? SPORTIF ? DE VIE ? INDIVIDUEL ? COLLECTIF ? CONSEIL ? ANIMATION ? FORMATION ? … COMMENT S'Y RETROUVER ?

Certaines personnes m'interrogent souvent sur « la grande mode du coaching » qui, comme l'expression l'indique, peut soit donner envie de découvrir de nouvelles approches avec si possible de nouveaux résultats, soit laisser perplexe quant à sa pérennité et son efficacité.

Je les invite souvent à visiter les sites des grandes fédérations, comme notamment la Fédération de Coaching Internationale (ICF) ou la Société Française de Coaching (SFCOACH) qui tentent chacune à leur manière d'organiser le métier de coach, et qui donnent certaines chartes et informations déontologiques que je suis et sur lesquelles je ne reviendrai pas. On peut bien entendu visiter également notre site qui donne un regard affiné, voire particulier. Mais il manque néanmoins généralement un éclairage de positionnement d'une part entre les différentes natures de coaching et d'autre part entre le coaching et les autres métiers d'accompagnement que sont le conseil, l'animation et la formation, pour mieux en comprendre « sans juger » les valeurs ajoutées. Je vous propose de tenter une explication de texte autant que possible objective, conceptuelle et originale.

J'ai découvert le coaching professionnel il y a 10 ans le jour où, en pleine mission de conseil, un client m'a dit, « vous n'êtes pas un conseil mais un coach ! ». Il venait de prendre conscience qu'un travail amont structurant mais surtout responsabilisant, personnel et collectif, avait été bonifiant pour optimiser la prise de décision et la recherche d'un futur partenaire, associé ou repreneur, en développant la prise de conscience du chemin à prendre notamment pour être sûr de ne pas se tromper et ainsi gagner du temps et de l'argent. Me découvrant M. Jourdain, je me suis vite précipité vers les ouvrages, j'ai rencontré certaines personnes, souvent pionnières, participé à des groupes d'échanges de pratiques, consolidé mon approche par une formation de posture permettant d'être mieux à l'écoute et de développer mon empathie et j'ai découvert ou redécouvert de nouvelles méthodes (MBTI, PROCESS COM ®, PNL, Analyse Transactionnelle etc....) sur la base desquelles j'ai désormais constitué mon propre modèle « SPM » ® (Stratégie, Processus, Psychologie, Management, Mental).

J'ai bien vite et mieux finalement compris pourquoi, au niveau national et international, certaines négociations, certains partenariats et rapprochements industriels, certaines refontes d'organisation ou de force motrice comme enfin certaines conduites d'équipes avaient fonctionné par expérience et intuition mais aussi comment j'aurais pu réussir davantage en comprenant et maîtrisant mieux certains mécanismes, surtout humains.

Aujourd'hui, tout en restant objectif et en évitant également toute forme de vocabulaire indigeste aux organisations, grandes ou petites, j'utiliserai une image et deux constats : d'une part, le sportif est seul sur la piste le jour de la compétition sans qu'on lui tienne la main ou qu'on le guide et sa victoire sera sans doute due en grande partie à l'accompagnement qui aura su lui faire prendre conscience de certaines réalités et révéler ses capacités pour optimiser sa performance (et le lien avec l'entreprise est tout proche) ; d'autre part, souvent les idées sont déjà présentes et les personnes prêtes à se parler mais elles attendent un catalyseur, un facilitateur voire des méthodes ; et enfin, 85 % des échecs et donc des succès sont souvent liés au facteur humain et le taux de retour d'investissement sur l'effet de levier humain est d'autant plus élevé que la démarche est prise en amont avant l'apparition de la crise.

En termes de différences et choix d'intervention entre les professions, je dirai que le conseil sera plutôt positionné sur le savoir, le formateur sur le savoir-faire et le coach le savoir être. Mais les limites ne sont pas figées. Il en est de même au sein du conseil quand certains consultants en stratégie glissent sur l'organisation, certains apporteurs de solutions techniques remontent en amont vers l'organisation et quand les conseils en organisation tentent de protéger leur position ou de lier des partenariats avec les deux autres. Vu d'un autre angle, le conseil sera rémunéré pour vous apporter une solution stratégique ou opérationnelle à une date donnée ou vous « dira de faire » et sera apprécié par les approches comparatives qu'il pourra apporter en la matière tout en essayant de préserver au mieux la confidentialité de ses interventions chez vos concurrents. Le formateur sera missionné pour enseigner une méthode pendant une courte durée et vous entraîner sur « l'apprentissage » en étant apprécié par un fil rouge concret. L'animateur interviendra pour créer une ambiance propice à l'échange pendant une réunion ou une journée et sera apprécié pour vous « sortir les mots » et les formaliser.

Le coach, quant à lui, se basera comme le conseil sur des réalités et sur un besoin mais pour l'accompagnement d'objectifs positifs, spécifiques, mesurables, accessibles, réalisables et déterminés dans le temps (SMART) avec une prise de conscience des réalités et des options (GROW), le tout sur une certaine durée, avec un certain nombre de séances en définissant un état initial, un état final, identifiant des écarts, la façon de les combler et en établissant un suivi, en essayant de disparaître peu à peu puis définitivement. Cet accompagnement sur les processus sera d'autant plus efficace que le coach maîtrise des outils de psychologie et d'analyse transactionnelle pour comprendre les comportements ainsi que des outils de personnalité pour mieux faire ressentir à Pierre, Paul et Jacqueline pourquoi ils ne sont peut-être pas en confort au même moment pour définir ou atteindre un même objectif, comme par exemple sur la stratégie personnelle ou d'entreprise à adopter (SWOT) à partir des points forts et des points faibles. Il sera également apprécié sur des retours d'expérience méthodologiques comparatifs en prenant garde qu'ils restent surtout objectifs et, d'un point de vue psychologique, sans projection d'un deuil non fait qui théoriquement est sans objet de par le suivi psychologique et de supervision que le coach se sera imposé. Pour atteindre les objectifs demandés, le coach fera ressortir les éléments cachés et potentiels, la prise de conscience, le sens, la responsabilité, la motivation, la permission en connaissance de cause, la recherche de confiance, la maîtrise des émotions, la recherche de solutions, la prise du recul, la façon de se poser les bonnes questions, de prendre vos décisions et piloter vos actions en misant essentiellement sur l'effet de levier humain. La limite floue avec les conseils en organisation se situera souvent sur la manière « d'accompagner le changement » … quand il doit y avoir changement.

S'agissant de l'écoute, je dirai que le coach ou le conseil se doivent d'écouter avec intensité mais pas sur le même processus. L'un pour mieux identifier l'effet de levier sur lequel travailler, attendre la demande et faire prendre à son client ses permissions et responsabilités en connaissance de cause, l'autre pour être sûr d'avoir compris le cahier des charges et ne pas faire de hors sujet ni apporter sa solution.

J'aime bien utiliser les films tels que la légende de Bagger Vence ou Angela pour faire prendre conscience du coaching. La réelle marque de reconnaissance pour le coach sera de s'éloigner en voyant une personne, une équipe, une structure désormais fonctionner et s'émanciper seule. Pour l'animateur, elle sera d'avoir réussi à obtenir un résultat consensuel, pour le formateur, d'avoir recueilli de bonnes appréciations et pour le consultant, d'avoir eu le sentiment que la solution correspondait au besoin et que le client en a pour son argent.

Le consultant expérimenté pourra réaliser les quatre types d'intervention en fonction de ses compétences et de la demande. Il devra toutefois avancer la règle du jeu avec son client et reconnaître ses limites quand aux mises à jour techniques, juridiques, comptables etc. nécessaires dans certains cas ou sur la connaissance d'un environnement particulier. Cette prise de conscience de ces réalités permettra en plus aux coachs, conseils, animateurs et formateurs de vivre ensemble et aux clients de pouvoir s'y retrouver. Pour ma part, j'ai quitté l'administration et l'entreprise pour mieux trouver ma place dans l'audit et le conseil en découvrant finalement que j'étais fait pour le coaching et l'accompagnement personnalisé et la « facilitation » en abandonnant la réalisation d'études. Je l'applique en stratégie et management dans toutes ses formes (organisation, risques, crises, relation client...), mais désormais également en développement personnel à titres individuel et collectif de par mes nouvelles compétences. Enfin, je garde une grande place à la formation avec un catalogue original, à l'animation opérationnelle ou de régulation en utilisant notamment des activités et à l'intervention directe « quand il y a le feu et qu'il n'est plus temps de former, d'animer ou de coacher ».

Existe-t-il plusieurs types de coaching, des spécialisations et pour quoi faire ?

Le coaching sportif est le plus connu et s'attache généralement à la technique et aux processus, voire médicaux, avec un certain dirigisme, tout en découvrant peu à peu l'approche psychologique en tant qu'effet de levier. Plutôt identifié comme « coach mental » dans cet univers où le goût de l'effort a été pour moi une culture et une école de vie, notamment dans le domaine militaire, j'ai réussi à faire un lien intelligent avec les professeurs de golf (sport où le mental représente souvent 90% de la réussite) et les entraîneurs d'équipe de sport collectif en leur démontrant que l'entraînement physique, la stratégie, la tactique et la psychologie et la force mentale peuvent faire bon ménage s'ils se combinent en comprenant et respectant chaque compétence. Ma culture sportive m'aide à mieux comprendre le technicien du sport sans lui prendre sa place et j'apprécie que ce dernier s'ouvre à d'autres éléments de facilitation complémentaires. Un travail de recherche se développe désormais dans le sport équestre de saut d'obstacle, où l'on parle beaucoup de coach, pour l'interdépendance d'une part entre le cavalier et cheval puis d'autre part entre le couple et l'obstacle. Certaines formations en management utiliseront par contre le cheval sans le monter pour l'écoute non active avec cet animal hypersensible et craintif. Pour le cavalier comme pour l'observateur, le lien entre le sport et l'entreprise sera rapidement identifiable.

En France le coaching est généralement lié aux ressources humaines (RH). Le coaching dit « professionnel » intervient sur tout type d'organisation dans un objectif d'optimisation du fonctionnement et du développement. On ira par exemple voir un coach professionnel pour des problématiques de d'identité, de relation, de management, d'organisation, de prise de poste, de gestion du temps, de dynamique de groupe, de leadership, de structure d'entreprise ou d'optimisation de carrière. Mais le coach sera également appelé pour des besoins opérationnels métier internes et externes par exemple sur la recherche de vision, le positionnement et la définition d'objectifs, le management de projets, la maîtrise des risques, la gestion de crise, la médiation, les mises en œuvre de rapprochements et de partenariats, l'approche client, la négociation, l'image de marque et le lobbying.

Certains parleront alors plutôt de « mentoring » sur les métiers sous une forme plus anglo-saxonne pour segmenter leurs interventions alors qu'il s'agit bien de coaching si la posture visant à faire prendre conscience et à miser sur l'effet de levier humain est respectée par rapport à une incitation à faire à l'identique ou à apporter une solution. Je respecte chaque vision et chaque école et jugerai peut-être mes pairs qui deviendraient gourou de telle ou telle méthode. Souvent, le travail opérationnel sera un bon alibi de régulation pour aider les personnes à se découvrir et travailler ensemble.

En dehors du coaching professionnel, on trouve aussi le coaching de vie qui vous aidera avec les mêmes méthodes à changer et prendre des décisions personnelles ou familiales…. par exemple pour s'arrêter de fumer, pour mieux fonctionner dans votre couple, avec vos enfants ou pour emménager dans un autre pays avec des problématiques pratiques et culturelles (souvent lié à des décisions professionnelles). Le coach en communication ou en image vous permettra de mieux paraitre en société mais sera également lié à l'entreprise pour les interventions en public et face à la presse. Il se développe également sur le relookage, la recherche et l'affirmation d'identité avec souvent une nécessaire prise de conscience de la puissance du coach pour inciter à l'acte d'achat de prestations partenaires, notamment face aux clients qui veulent devenir « à son image ». Le coach en décoration vous permettra de faire des choix d'aménagement pour habiter ou vendre votre maison. On trouve même des coachs dans les surfaces de ventes de téléphonie qui vous aident à faire vos choix… d'achat et se transforment vite en conseillers et vendeurs, ce qui pose souvent la problématique de limite et de la cohérence des métiers vis-à-vis du client qui peut choisir entre payer un accompagnement amont et rester indépendant ou mieux acheter avec une orientation gratuite.

Mais à chaque fois qu'il y aura un acte de vente potentiel et orienté à la clé, le Rubicon de cohérence des métiers sera franchi.

Pars ailleurs, j'ai souvent entendu les clients attendre beaucoup d'un coach et surtout qu'il ait des « épaules larges et bienveillantes » afin de pouvoir supporter l'exposition et l'accompagnement des problèmes d'autrui. Ils se retrouvent souvent étonnés de devoir travailler plus qu'ils n'avaient prévu et de voir que le coach n'est pas un gourou qui doit toutefois prendre garde à ne pas le devenir devant sa toute puissance qu'il dément détenir (les superviseurs de coach sont d'ailleurs parfois pris en flagrant délit même et surtout avec leurs pairs quand ces derniers se confient pour régler une situation rencontrée délicate avec leurs clients) au même titre que l'on voit aussi des psy se permettre de faire des projections et être critiques avec des patients qui guérissent plus vite…qu'eux-mêmes qui sont encore incapables de terminer leur deuil !

Quels sont justement les liens avec les psys ?

Là également, le coach doit connaître sa limite et ce sujet est souvent source d'interrogation. On y distingue les mêmes problématiques de frontières qu'entre les stratèges, les organisateurs et les apporteurs de solutions. Des psychologues ou psychiatres ou psychothérapeutes font du coaching, des coachs deviennent parfois psy, ce qui entraîne des modes d'intervention souvent différents que le praticien doit reconnaître et afficher sans forcément chercher à installer sa vérité. Cela me fait un peu penser à la médecine non traditionnelle par rapport à celle reconnue, ou à la franc-maçonnerie en France entre la loge reconnue par les loges anglo-saxonnes et les autres. Le non initié devra être éclairé sur le choix à adopter. Je pense également à mon école d'ingénieur qui avait été avant-gardiste dans l'enseignement d'autres disciplines que scientifiques, et donc appréciée par les recruteurs mais peu par l'autorité.

Le coaching que je développe, en accord avec les deux fédérations citées au début de l'article, utilise beaucoup d'approches psychologiques par exemple pour faire le deuil d'un travail, d'un client en utilisant les mêmes phases que le deuil d'un proche ou identifier et gérer les profils de personnalité. Pour être dans une dynamique positive, j'utilise volontiers les ancrages de ressources, la pensée positive et la visualisation de la Programmation Neuro Linguistique qui est par contre souvent en conflit avec la psychologie de par son explication scientifique du fonctionnement du cerveau. Par contre les psys ne s'aventurent généralement pas à maîtriser ni à critiquer les outils de stratégie et de processus qui sont dans ma boîte à outils dont nous parlerons plus loin.

Comme le coach sait ne pas être conseil, le psy doit savoir ne pas être coach et inversement. Tout dépend de la compétence, de la demande et du mode d'intervention affiché avec le client. Je sais envoyer vers un psy quand mon client apparaît psychologiquement très éprouvé même si j'utilise des outils de psychologie, et en espérant que le psy me le renvoie. Parfois, des clients suivis par des psys ont davantage progressé avec des approches de coaching. On peut espérer que ces derniers puissent envoyer vers des coachs quant il s'agit d'efficacité. Beaucoup n'ont hélas pas encore fait le deuil de ce nouveau métier ou alors s'y sont engouffré pour trouver un autre positionnement, ce que je comprends sans juger.

En terme d'apport de méthodes et d'outils, le coach utilisera ou non des méthodes et outils de facilitation ou considérera souvent qu'il est le principal, voire l'unique outil. Chaque coach aura son identité et son mode d'intervention. Mais mieux vaudra de toute façon une boîte à outils maîtrisée par le coach et surtout maîtrisable par le coaché car c'est lui, dans ce cas, qui donnera le coup de tournevis. Le client appréciera en fonction de ses besoins et de ses préférences psychologiques avant de prendre le contrat.

En tant que coach, j'aime donner des informations, des méthodes et des images car c'est mon besoin psychologique et ma force. J'utilise même une baguette magique et des fables (Les Fabliaux du Management), comme Esope ou La Fontaine, pour penser et agir autrement à partir de référentiels différents, simples et naturels.

Considérant que certains cherchent des concepts Stratégiques, d'autres des Processus, d'autres du Mental, et privilégiant la vision globale et le décloisonnement, j'ai également créé le système « SPM » ® (Stratégie, Processus, Psychologie, Management, Mental) applicable dans leurs domaines respectifs mais aussi de façon indifférenciée et décloisonnée à l'intérieur ou en dehors de leur champ d'application naturel. On trouvera par exemple l'utilisation de concepts stratégiques dans le cas d'un développement personnel ou de psychologie pour optimiser un processus et mieux ressentir le besoin « d'ici et maintenant » tout en restant opérationnel ou au contraire celui de prise de recul conceptuel. Enfin, je dispose de plusieurs types d'outils de personnalité ce qui permet à la fois une plus grande écoute et un plus grand affinage. Nos formations opérationnelles utilisent ce concept. Mais je sais aussi m'en détacher à la demande du client qui peut en être incommodé ou penser que je n'ai pas confiance en moi. Je saurai également orienter vers un coaching davantage psychologique à la demande du client, alors que d'autres clients ne voudront pas entendre parler de psychologie. Par ailleurs, j'aime Freud pour l'analyse de l'historique, Jung, ancien disciple de Freud, pour ses travaux de conceptualisation, Descartes pour le côté scientifique et désormais Lacan pour le lien philosophique concret.

Enfin, et pas uniquement pour la dynamique d'équipe que certains appelleront communément le Team Building, j'aime utiliser des activités telles le sport, l'art, la cuisine, le jeu, la visite de lieux stratégiques… afin de faire passer des messages connaissance de soi et de management indirects par le ressenti d'émotions dans des environnements originaux.

Coaching individuel ? Collectif ? Mixte ?

Le coaching est généralement perçu comme un travail de couple, avec une forte notion « d'écoute active » sur l'identité et la relation. Certaines personnes ne comprennent pas comment nous pouvons coacher des groupes et des équipes alors que le curseur se déplace pourtant également sur le groupe et la structure. Accompagner une équipe c'est accompagner des identités, des particularités, des individus soit ensemble, soit séparément. Je mixe volontiers les deux approches pour aider à atteindre l'objectif attendu en dosant l'effort à effectuer sur les individus ou sur l'équipe. L'individu devra se connaître et capitaliser sur ses points forts mais devra apprendre à être davantage vigilant pour affronter seul certaines situations en limitant son énergie. L'équipe pourra fonctionner en pleine puissance de façon complémentaire face à l'objectif en ne misant que sur les cotés positifs de chacun, avec une approche segmentée. Par exemple, sauf en cas d'affluence, les réceptionnistes d'hôtel pourront se répartir les clients en fonction de leur ressenti relationnel et de leur personnalité pour répondre au mieux aux attentes et réclamations. L'équipe pluridisciplinaire de projet pourra quant à elle mieux se renforcer en écoutant désormais les particularités qui font sa force. Avoir une équipe de management équilibrée permettra aussi de se poser désormais toutes les bonnes questions de façon globale en abordant toutes les facettes d'un problème à résoudre ou d'un objectif à atteindre. Enfin, l'équipe sportive saura mieux s'organiser et utiliser ses potentiels pour faire face à l'adversaire sur le terrain.

Coach de dirigeant ?

Quel titre impressionnant me direz vous ! Est-ce un choix de positionnement ou une recherche de reconnaissance suprême? Est-il nécessaire d'avoir été dirigeant pour accompagner un dirigeant ? Quels critères doivent être requis pour ce genre d'accompagnement ? L'essentiel, à mon avis, est que ce dirigeant sache quel mode d'intervention il souhaite et avec qui pour réaliser un travail efficace. Comme je l'ai dit plus haut, le coach doit être clair avec la notion de pouvoir mais l'enjeu réside également dans le dirigeant coaché. Certains aimeront une intervention psychologique pure sans connaissance de leurs problématiques opérationnelles pour conserver une marge de manœuvre quand d'autres rechercheront le retour d'expérience, la maturité et la confrontation « métier » avec leur coach pour mieux avancer et souvent acquérir ou se réapproprier le terme de porteur de sens.

Comment devient-on coach ?

Le devient-on parce que l'on s'est soigné soi-même comme l'avançait souvent Freud pour la psychologie ? Là encore certains constats s'imposent : vous trouverez des coachs qui vous accompagnent par vocation, avec ou sans formations, d'autres parce qu'ils ont découvert cela en tant que coaché volontaire ou imposé par leur direction, et d'autres au hasard des formations sur les outils et la posture en tant que cadre. Mais encore une fois, aucun cas ne sera forcément meilleur que l'autre pour réussir à vous accompagner. C'est surtout la règle du jeu et l'envie de fonctionner ensemble qui l'emportera en connaissance de cause des capacités et attentes de chacun. Les références et le bouche à oreille permettront d'orienter les rencontres. Nos formations en management individuel et collectif sont certifiantes sur nos méthodes mais sont en concurrence avec d'autres nombreuses écoles installées depuis plus de 20 ans.

Faut-il connaître l'environnement de la personne ou de la structure ?

Tout degré de compétence confondu, on attendra d'un consultant en stratégie qu'il connaisse plutôt le contexte, d'un consultant en système d'information qu'il connaisse surtout son métier, qu'un recruteur qu'il sélectionne les profils adaptés et d'un coach qu'il aide à se reposer les bonnes questions, à reprendre confiance et à atteindre les objectifs. Comme je l'ai dit dans le coaching de dirigeant, je considère qu'en fonction de l'objectif à atteindre, la connaissance des métiers de l'entreprise est souvent intéressante, notamment en gain de temps. Le coach doit considérer que les personnes savent faire leur métier et, comme en recrutement (souvent trop peu réalisé), qu'il peut aller au-delà des compétences. Mais quand un créateur d'entreprise ou un porteur de projet cherche à se faire accompagner, s'il attend souvent qu'on l'aide à faire des choix et atteindre ses objectifs et appréciera d'être en résonance entre le coach et donc d'obtenir un retour d'expérience opérationnel « vécu » sauf s'il ne veut qu'un accompagnement psychologique.

Personnellement, j'affiche clairement mon expérience de cadre en administration et en entreprises, de créateur d'entreprises et de conseil avec une connaissance de multiples environnements, des formations complémentaires. J'ai par ailleurs beaucoup appris sur la responsabilité humaine dans le cadre de mes activités de protection financière et de risk manager où les « fils rouges » sont vite trouvés. Je fais intervenir des intervenants qui me ressemblent, à savoir des personnes de processus qui s'aident de l'effet de levier humain, ou des intervenants RH travaillant en binôme avec des personnes de processus. Mais si le client demande une intervention purement RH, je la lui fournirai ou saurai l'orienter.

A quel âge peut-on être coach ?

S'agissant du coaching professionnel que je connais mieux, certains étudiants viennent me voir exaltés et très attirés par le métier et nos approches. Ils repartent en ayant compris qu'ils peuvent se former à certaines méthodes sans attendre le nombre des années pour acquérir une culture et mieux fonctionner, comme en intelligence économique, mais en faisant le deuil qu'avant 35 ans l'expérience des problématiques des organisations sera sans doute limitée pour accompagner au mieux certains clients. Par contre le jeune auditeur que j'étais chez Arthur Andersen n'avait pas besoin de connaître les produits ni la force motrice ni l'identité culturelle de l'entreprise dans laquelle il devait auditer les comptes avec performance. Il n'avait pas besoin d'être « âgé » ni « humain », il suffisait d'appliquer des méthodes et les outils et de connaître les règles comptables utilisables.

Combien ? Quel contrat ? Quelle facturation ?

Après avoir passé en revue les réalités, la problématique, le besoin et l'expression de la demande, vient le contrat et sa facturation. Les honoraires d'avocats, de chirurgiens, de consultants varient en fonction de leur notoriété et de leurs compétences. Il en est de même pour les coachs. Je pratique 4 types de tarifs pour donner accès au plus grand nombre mais aussi valoriser mon savoir-faire auprès des structures importantes. Une intervention moyenne s'effectue entre 5 à 10 séances de 2 heures. Si la formation peut être facturée aux organismes collecteurs, il n'en est pas de même pour le coaching proprement dit ni pour les séminaires qui ne développent pas d'aspect pédagogique. J'ai par ailleurs mis en place le concept de micro-coaching permettant de divulguer quelques clés, voire donner envie en une courte séance.

S'agissant du contrat et quand il s'agit d'accompagner un collaborateur pris en charge par son entreprise, le coaching professionnel dresse un contrat tripartite entre le coach, le coaché et le responsable qui engage les trois parties mais qui préserve la confidentialité des entretiens.

Enfin, pour terminer cet OPAC^{2}Q^3 (où, pourquoi, avec qui, comment, combien, quoi, qui, quand), **je terminerai par la question « quand ».** Autrefois, les médecins chinois étaient payés pour entretenir la bonne santé et donc ne l'étaient plus pour soigner, considérant qu'ils avaient failli. Encore fallait-il une prise de conscience commune et une écoute active entre le patient et le médecin pour évoquer et analyser les modes de vie de façon régulière et transparente et ainsi prévenir les maladies plutôt que les guérir. De nos jours, les médecins sont surchargés de malades dont certains auraient peut être pu ne pas l'être.

Le coach, le conseil voire l'animateur sont souvent appelés en période de crise, quand cela ne va plus ou pour se faire aider à prendre une décision. Le coach, comme le formateur, peut également être appelé pour récompenser de ses services un collaborateur qui ne l'a pas forcément pas demandé ... comme quand cela ne vas pas d'ailleurs. Oser l'accompagnement dans toutes ses formes avec ses éléments de facilitation est sans doute une démarche de développement durable à la fois pour vous, votre entourage, votre entreprise mais aussi pour la paix dans le monde et qui sait…pour la planète. Mais surtout n'attendez pas qu'il soit trop tard avec les dégâts que cela entraîne. Ne vaut-il pas mieux un suivi régulier et systématique pour enrayer tout signe naissant et potentiel de défaillance, entretenir facilement la pensée positive et ne pas oublier d'analyser ses succès plutôt que vouloir toujours attendre le moment plus critique et développer plus d'énergie et d'argent pour parvenir au même résultat ?

Et si… c'était cela la nouvelle mode : entretenir sa dynamique, sa pensée positive plutôt qu'essayer de la retrouver ? Et si… nous réinventions une certaine « médecine d'entreprise » ?

*coach en stratégie, management et développement personnel, formateur, ancien responsable stratégique et opérationnel dans l'administration et en entreprise, ancien audit & conseil, fondateur de NOVIAL www.novial.fr, professeur vacataire, auteur des Fabliaux du Management et des booklets mémo

ENTREPRENEUR, DIRIGEANT, MANAGER ET…
TYPOLOGIES DE PERSONNALITE

Les entrepreneurs, dirigeants et managers sont chaque jour confrontés à un puzzle qui leur impose d'être à la fois créatif, sage, moteur, transmetteur, acheteur, vendeur, conciliant, intransigeant, ami, parent. Ils doivent savoir adapter leur discours en fonction des circonstances afin d'optimiser l'imbrication étroite entre le fonctionnement et le développement de leur entreprise ou de leur projet. En constante réflexion, un carnet toujours à la main, vérifiant tout ce qu'on leur dit, évitant la controverse, ayant une correspondance régulière, travaillant en collaboration, il doivent être performant et innovant, doivent savoir anticiper face à la concurrence, faire preuve d'improvisation et d'initiative, veiller à transmettre les bons codes à leurs collaborateurs et entretenir les bons réflexes.

Soucieux d'accomplir leur tâche et à l'affût des aides potentielles, ils se demandent souvent à quoi peuvent bien leur servir des outils de connaissance de soi a priori plus adaptés à des problématiques d'identité ou de relation de leurs collaborateurs plus qu'à leurs besoins propres, ceci souvent par manque de preuves d'applications concrètes sur les besoins opérationnels et par manque de prise de conscience du retour sur investissement existant sur l'effet de levier humain au profit du développement des l'organisations.

C'est oublier qu'ils ont d'autant plus de légitimité à mieux comprendre et moins se tromper de par leur position de leader et de porteurs de sens et que les fils rouges existent avec de multiples applications pour eux-mêmes (échanges, prises d'information, de décisions, organisation…), vis-à-vis de leurs collaborateurs

31

(définition, validation et suivi d'objectifs, recrutement, motivation…) et vis-à-vis de leur environnement externe (stratégie, négociation, communication, …).

Se comprendre soi-même signifie mieux comprendre ses forces, mieux mettre en valeur ses atouts mais aussi maîtriser ses faiblesses, ses zones d'efforts et ses pertes d'énergie et être mieux équilibré dans ses réactions face à certaines situations inconfortables ou certaines personnes qui peuvent penser ou fonctionner autrement de fait de leurs origines et de leurs acquis et ainsi être génératrices de stress et d'échec.

Au-delà d'outils psychologiques qui peuvent faire peur, il s'agit surtout de profiter des modélisations réalisées sur les comportements, qui confirment souvent l'approche intuitive, afin de faciliter l'atteinte des objectifs souvent d'une façon différente qu'envisagée initialement et souvent avec un résultat bien supérieur.
Se former aux polarités et aux profils du MBTI, du TMS, de la Process Com ou de l'Ennéagramme, c'est comprendre et mieux accepter désormais avec une certaine prise de conscience et relativisation, comme une sorte de « vis ma vie », par exemple (liste non exaustive !) : pourquoi l'Administration, les PME, les grands groupes, les banques, fonctionnement différemment de par leur identité, pourquoi il n'est pas aussi facile de leur vendre la même prestation de par leur population, pourquoi l'identité des auditeurs est différente de celle des publicitaires, pourquoi les consultants sont consultants, pourquoi certains décideurs ou acheteurs préfèrent par exemple prendre plus de temps pour réagir et s'adapter face à un élément nouveau et seront énervés par une certaine insistance, pourquoi certains collaborateurs se font remercier car ils ne suivent pas où au contraire vont plus vite que leur supérieur.
  C'est savoir remplir un appel d'offre avec la forme et les mots qui conviennent à l'identité de la structure et de la personne qui le lira.

C'est prendre conscience que certains en font trop ou trop peu pour leur client avec les impacts liés en terme de chiffre d'affaires et de résultats.

C'est savoir gérer un conflit en essayant d'abord de se synchroniser avec la personne ou la structure adverse dans une négociation raisonnée.

C'est savoir que certains voient plus vite que les autres l'assemblage des informations en changeant également et trop souvent de direction de façon déroutante pour les autres.

C'est constater que certains prennent leurs décisions avec peut être trop de logique sans jamais aucun risques alors que d'autres devrait décider moins vite avec moins de convictions et consolider certaines données avant de se lancer ou trouver un partenaire ou un associé pour ne pas se tromper.

C'est savoir recruter une équipe équilibrée et reconnaître, au sein des organisations, qu'il existe des populations d'explorateurs, de conseillers, d'organisateurs, de contrôleurs et qu'il existe des personnes développant l'harmonie alors que d'autre cherchent à se faire reconnaître quand d'autres encore cherchent l'isolement, l'excitation ou le jeu.

C'est accepter le besoin psychologique légitime et nourricier d'informations du comptable, du gestionnaire et du banquier face à l'entrain et l'excitation du porteur de projet qui part souvent de la page blanche avec des impacts en terme de coûts, délais et performance.

Autant on redécouvre mieux son propre pays quand on va à l'étranger, autant il est souvent utile de découvrir d'autres référentiels afin de redécouvrir et repenser son univers quotidien et agir autrement pour simplement mieux vivre son projet et son entreprise avec moins d'énergie sans perdre son identité mais en agissant en meilleure connaissance de cause.

LA JOURNEE SPM® DU DIRIGEANT

Comme toute personne dans sa vie professionnelle ou personnelle, le dirigeant d'organisation (entreprise ou collectivité) peut optimiser sa journée au profit de ses salariés, de son entreprise, de son groupe, de son territoire, sa nation, de l'Europe, sans oublier sa famille. Son humeur donne souvent le ton. Autant qu'elle soit bonne pour donner l'exemple.

Le dirigeant désire se sentir bien dans sa position, comprendre et maîtriser son environnement, entretenir une vision et être porteur de sens, mettre en adéquation les ressources avec la stratégie, accroître la performance en tenant compte du potentiel humain, avoir un leadership adapté, identifier des personnes de confiance pour rompre son isolement, prendre ses décisions en connaissance de cause et responsabilité, gérer les conflits, les risques et les crises, hiérarchiser les tâches, décider et gérer tout changement potentiel, trouver un équilibre avec sa vie privée... Le dirigeant de PME doit souvent être à la fois créatif, prévoyant, sage, moteur, transmetteur, intransigeant, organisé, parent, ami, innovant, facilitateur, performant, négociateur, conciliant, communicatif, vendeur, acheteur…

Grâce au modèle SPM ® (Stratégie, Processus, Psychologie, Marketing, Management, Mental) le dirigeant saura se lever du bon pied, mieux définir et atteindre ses objectifs, prendre en compte les réalités, définir les options et passer aux actions réalistes, réalisables, mesurables et déterminées dans le temps (GROW, SMART). Il va vivre de façon décloisonnée et équilibrée certaines méthodes pour l'aider à mieux fonctionner en fonction des situations rencontrées.

Il est 6 heures, Philippe s'éveille. Il dirige une PME industrielle de 300 personnes qu'il a reprise il y a 5 ans. Cette fois-ci, il a bien dormi. Mieux qu'une aspirine avant de se coucher, il avait *fait le deuil* de la réunion de la veille, où il a failli perdre un client significatif. Il était passé par toutes les phases et s'est reconstruit grandi après le *coup de tamis*. Il repense à son coup de poker du « *sans toi* » et *sa meilleure solution de rechange* (MESORE) tendue in extremis pour signer le contrat. Mais quelle énergie consommée ! Sa famille n'aura pas à subir d'ondes négatives mais de toute façon, il sait désormais *se ressourcer* pour éviter cela même en cas d'échec et tire profit de son caractère de préférence introverti. Mais avant d'attaquer cette nouvelle journée de travail « *positive* », il décide de se faire un *ancrage* de bien-être avec son épouse, genre de *fiole de potion magique,* qu'il pourra ressortir en cas de besoin sévère mais non automatique, « comme les antibiotiques », comme lui dit sa fille.

Il va profiter du rasage pour une fois de plus rentrer dans sa *préférence introvertie* et *visualiser* certaines tâches du jour pour mieux les aborder. Il ne passera cette fois trop de temps de réflexion avant de franchir la *ligne imaginaire* pour les aborder. Il a appris à mieux partager et confronter ses idées et impressions comme les extravertis. Quelques informations à la télévision pendant le petit-déjeuner pour se nourrir d'une certaine façon et le voilà prêt…à regarder ses emails sur son téléphone portable, véritable outils d'apprentissage de la connaissance de soi et du management. Sa force introvertie fait qu'il peut davantage mûrir la réponse jusqu'à son ordinateur mais il aura appris à répondre parfois aux messages très urgents, ce qui n'est en fait pas le cas ce matin.

Après les *rituels* d'usage avant de quitter la maison et une petite phase d'*intimité* pour rétablir le dialogue et *l'écoute active* avec son fils qui semble s'éloigner de ses objectifs scolaires, notre dirigeant monte dans sa voiture direction le travail. Pour casser la routine du trajet et éviter les risques sur le parcours, il se remet dans le cadrant de l'*apprentissage* chaque semaine en changeant si besoin d'itinéraire et s'interdit les appels. Il repense à cet alpiniste qui s'était tué avec pourtant 20 ans d'expérience mais qui avait juste oublié qu'il n'était pas devenu Superman. Ce n'est pas un rituel ni une *activité* mais plutôt un mixte des deux. Il peut penser mais toujours de façon équilibrée et si possible sécurisante. Le matin, la moitié du chemin est consacré à sa famille et ensuite à son travail. Et vice versa le soir pour vivre l'instant, *ici et maintenant*, afin de pouvoir mieux ensuite rentrer en dynamique mais en s'obligeant souvent ce genre d'aller retour. En tant que golfeur, cela lui fait penser à ceux qui affichent le nombre de coups réalisés et ceux qui annoncent le coup futur. Il a aussi beaucoup réappris sur l'environnement de l'entreprise en redécouvrant par là même ce sport sous l'approche SPM.

Il entretient son « *PRAJI* » aux feux en pratiquant quelques *passe-temps*. Il regarde les voitures et leurs occupants, souvent des femmes avec leurs enfants en train de réciter les devoirs, les choses à faire dans la journée, en train de réconforter, ou de penser que leur *pyramide de Maslow* est en train de s'effondrer ou encore de penser qu'ils sont encore en retard. Il l'a connu aussi cela avec son côté « *travaillomane-persévérant* » qui rajoutait toujours quelques chose à l'emploi du temps. Au final il était en retard, ce qui était inadmissible et le rendait de mauvaise humeur et qui ensuite le faisait douter. Mais désormais c'est terminé. Avec le MBTI, il sait prendre de la marge ou relativiser en cas d'imprévu.

Le *passe temps* de Juliette, son assistante, va s'arrêter quand elle va voir arriver sa voiture. Elle lui prépare une surprise pour son anniversaire, comme tous les autres cadres. Une fois arrivé, ils vont s'accorder une demi-heure pour passer en revue les événements, les rendez-vous de la journée et les dossiers en cours. Il aime cette *relation à deux*. Ils forment aussi un couple avec un style de management *bienveillant* en maitrisant certains flux. Il a choisi une assistante avec un profil complémentaire, à savoir organisée pour compenser sa trop grande flexibilité, sociale, *persévérante phase battante* qui aime que les choses avancent avec conviction sans lui faire de l'ombre et qui sait prendre certaines initiatives. Le processus est sous contrôle mais il sait parfois insister pour vérifier des détails et se rassurer. Elle a vite compris qu'il fallait lui présenter ses dossiers de façon *structurée*, avec tous les filtres des réalités possibles et au moins deux *options* d'actions. L'écoute active est intense, comme un *branchement.* Les problèmes sont vite abordés. Quand cela se dérègle un peu, notre dirigeant et son profil perfectionniste rejoint son assistante sur la zone *altruiste* en pensant au bien des employés et de l'entreprise, ce qui est idéal pour l'écoute ou sur la zone *modérateur*. Il aime bien l'envoyer parfois en avant-garde pour défricher le terrain et pour mettre les clients à l'aise. Cela fonctionne mieux qu'avec son ancienne collaboratrice très observatrice qui pouvait rentrer en opposition forte avec déséquilibre sans forcément justifier son comportement.

Une fois cette première réunion passée, arrive le rituel du « bonjour » dans l'entreprise. Mais, en plus, Philippe a appris à chercher un mot différent pour chaque personne en fonction des *profils et besoins psychologiques de chacun.* Ce qui nécessite parfois un peu de réflexion avant de *passer la ligne imaginaire* avec l'interlocuteur. Cela lui procure un bon entraînement pour ses relations avec ses visiteurs, clients ou partenaires privés ou publics. Puis vient le rituel du café, et des événements passés rentrant de ce fait progressivement en phase d'*activité* et de travail.

Ce matin, il devra ensuite vivre une phase d'intimité avec le DAF qui semble vouloir prendre un peu de *pouvoir « pour » et « sur »* depuis que la nouvelle organisation est en place. Le *leader responsable,* c'est lui. Son DAF, quant à lui, est *leader de processus.* Heureusement qu'il peut compter sur Paul, le directeur des opérations, véritable *leader psychologique* tel le prêtre qui recueille les états d'âme en toute confidentialité mais qui peut aussi véhiculer certains messages en se donnant la *permission* de la faire par une *protection* de conscience professionnelle individuelle et collective ou en le demandant simplement à sa source.

Puis viendra sa réunion du matin avec le bureau d'étude. Un moment de retrait sera approprié pour trouver les ressources nécessaires avant de franchir le Rubicon de la salle de réunion. En bon *artisan* « SP » orienté vers l'action, le monde présent, les résultats, il va devoir adapter son discours et maîtriser son énergie avec le bureau d'étude pour expliquer ce qu'attend le client de la veille. De par sa forte valeur ajoutée, ce sous-groupe organisationnel *d'explorateurs* exerce parfois un certain pouvoir sur les processus de fabrication et la direction. Il va devoir parler à une population de *rationnels* « NT», orientés vers la théorie, cherchant à comprendre le fonctionnement des choses, faisant confiance à la logique et à la raison, se montrant sceptiques et précis, pensant en terme de différences, catégories, définitions et structures, se concentrant sur les stratégies et les modèles qui aident à atteindre les objectifs et optimisent le progrès, recherchant la compétence et la connaissance approfondie qui lui faisait défaut lors de son arrivée il y a 5 ans. Il va également tenter de parler du *risque coût - délais - performance* (CDP) d'être trop conceptuel et mettra un peu *de 5M, de 5S* et de *bête à corne*, outils de l'ingénieur, pour leur parler *d'intelligence économique* pour les aider à ranger leur bureau avant de partir…

La matinée passée il déjeunera avec l'expert comptable. Ils parleront des forces, faiblesses, opportunités et menaces (SWOT) d'opter pour une gérance. Ils aborderont aussi le modèle économique de rémunération globale englobant une plus grande part de contrats de retraite. Ces dispositions sociales et financières séduisent son côté « F ». Mais avant de prendre sa décision, il veut vérifier la logique de rentabilité de le faire à son âge ainsi que vérifier « la tête froide, avec la préférence « T » du comptable, la logique, les avantages et inconvénients pour ses salariés au delà de tout discours commercial.

Rentré dans sa PME, il s'accorde un quart d'heure de…sieste, autre rituel incontournable qu'il a autorisé – mais contrôlé, pour être plus efficace l'après midi. Philippe relisait volontiers parfois la *fable du « manager ou du grand Foyaka »* qui le confortait dans sa façon de donner du sens à travers ses équipes, *bâtisseurs de cathédrales* plutôt que tailleurs de pierres, avec de bons résultats et certains *signes de reconnaissances* souvent appréciés. Par son côté « *Family Management* », il rêve de pouvoir organiser une osmose travail - vie privée avec un service de garde d'enfants ou d'autres avantages de bien être.

Puis c'est la réunion d'avancement du projet « 3X », nom de code de protection attribué à chaque client ayant demandé une certaine confidentialité. Le curseur d'avancement semble bon, les *éléments contrôlables et incontrôlables* maîtrisés jusqu'à ce qu'un membre de l'équipe relate un épisode intéressant sur le risque CDP, caché pour l'instant au client, très malléable, sur une partie de la prestation à cause d'un changement de fournisseur. Philippe contient ses *émotions,* reste calme tout en *sur contrôlant* et sans partir en croisade. Il sait que la *planche à clous* est dangereuse dans cette période de crise et que ses collaborateurs, comme se clients sont précieux. Mais il veut que ce dernier prenne conscience de ce « grain de sable » et reconnaisse que ce jeu transactionnel de *RCJ* (Réglons son compte à Joe), où le client trompé en ressort souvent vainqueur, risque de fragiliser l'entreprise. Il est absolument nécessaire d'analyser le *coup d'après* et d'être en *interdépendance* « win-win » au risque que la rentabilité des investissements soit remise en cause et que ce projet ne passe jamais en phase *vedette.*

Laissons désormais Philippe terminer sa journée. Et vous, quelle est votre journée SPM ® ?

LA JOURNEE SPM® DU POLITIQUE

Comme toute personne dans sa vie professionnelle ou personnelle, le politique peut optimiser sa journée au profit de ses administrés, de son équipe, de la nation, de l'Europe et même du monde, sans oublier sa famille. Et si l'aile d'un papillon peut provoquer un orage de l'autre bout de la terre, la décision d'un politique peut aussi entraîner des catastrophes.

Grâce au modèle SPM (Stratégie, Processus, Psychologie, Marketing, Management, Mental) le politique saura se lever du bon pied, mieux définir et atteindre ses objectifs, prendre en compte les réalités, définir les options et passer aux actions réalistes, réalisables, mesurables et déterminées dans le temps (GROW, SMART). Il va vivre ses polarités de JUNG, l'ennéagramme, son PRAJI, le SWOT, la MESORE, les 3P, les risques et les jeux d'analyse transactionnelle

Il est 6 heures…le politique..s'éveille. Il a apparemment peu dormi à cause de la réunion de la veille. Il se souvient qu'il en a rêvé et il est un peu énervé! Il n'avait sans doute pas terminé le processus de deuil de la motion qu'il na pas réussi à faire passer. Mais sa famille n'a pas à en subir les conséquences. Il connaît son extraversion renforcé par un stress léger. Mais il va choisir de passer en introversion pour mieux se ressourcer et contrer le stress fort qui risque de s'installer. La PNL l'aide à respirer, à penser positivement, il se revoit le jour de son élection. La vie est belle, il relativise. Voilà, sa tête va mieux. Il peut embrasser son conjoint et se lever, pourquoi pas après avoir lâché prise et partagé quelques douceurs.. Mais la France n'attend pas. il va profiter du rasage pour une fois de plus rentrer en introversion et se ressourcer encore et même visualiser certaines tâches pour mieux les aborder avec un peu plus dd réflexion avant de franchir la ligne imaginaire pour les aborder. Quelques informations à la télévision pendant le petit-déjeuner pour se ressourcer et se nourrir aussi par l'échange et le voilà prêt…à regarder ses emails sur son Blackberry. Mais il aura appris à ne répondre qu'aux messages très urgents en prenant le temps de mûrir la réponse jusqu'à son ordinateur. Voici notre extraverti parti prendre son train pour aller à la capitale. Arrivé à la gare, il achète quelques journaux et file sur le quai pour repérer la voiture première classe. Le train n'est pas encore arrivé. Il lui faut trouver un passe temps. Personne pour parler sur le quai, il va s'amuser à visualiser sa journée. Une fois monté dans le train il use un peu de sa force extravertie et sociale pour respecter certains rituels et serrer quelques mains avant de passer en phase de retrait se plonger dans les nouvelles sans réagir sur chaque détail comme au début de son activité et être plus conceptuel. Il sait désormais faire une synthèse équilibrée avant d'appeler son assistant. Il a aussi appris à hiérarchiser et gagner du temps.

Le voilà à l'assemblée après avoir pris un café aux « ministères » sans pouvoir hélas se ressourcer en discutant un peu avant sa réunion en commission. Il sait qu'elle sera difficile, comme la veille. Mais cette fois, avant de franchir le Rubicon, il a su faire la part des choses entre les forces et les faiblesses du dossier, les opportunités et els menaces, les éléments jugés vedette, dilemme ou vache à lait pour segmenter le discours et être percutant. Son curseur de succès est à 6 sur 10 et il doit mettre encore un peu d'effort relationnel avec deux opposants majeurs avec lesquels il perd beaucoup d'énergie, il le sait, car ces derniers ne font pas l'effort de venir sur son terrain.

Il doit parvenir à une négociation raisonnée en leur laissant une meilleure solution de rechange. Son côté « T » et tête froide doit s'équilibrer avec son « F » pour mieux partager la décision. Une fois votée cette mesure évitera un risque significatif qu'il faut traiter car moyen en coût, délai et performance pour l'emploi mais élevé en probabilité d'apparition. Il s'attend à leur jeu principal : le « Schlemiel » qui va consister à le mettre en situation potentielle de parent et pardonner leurs visions négatives pour avancer et finalement souvent le faire perdre en bonne victime. Au début il acceptait sournoisement en adulte objectif et provoquait la colère des opposants qui n'avaient plus de répondant. Mais cette fois il va prendre la main et répondre à leurs besoins psychologiques de considération de leur personne et surtout de leur opinion pour les faire sortir de leur tranchée.

Voilà, cette fois, il a réussi et la balle est dans leur camp. Il reste une heure avec son assistant pour passer en revue les dossiers et voir l'avancement de la proposition de loi. Il aime cette relation à deux qui lui permet d'être à la fois leader responsable mais aussi opérationnel et parfois même psychologique. Ils forment un couple avec un style de management bienveillant tout de même. Il ne met pas forcément tout le monde en contact pour maîtriser certains flux. Il a choisi un assistant pas aussi social que lui, qui aime se valoriser par son travail sans lui faire de l'ombre mais qui sait prendre certaines initiatives. Le processus avance sous mais contrôle. Il essaie de ne pas trop dévoiler son côté promoteur pour ne pas froisser son empathie qu'il apprécie quand il en a besoin.

L'assistant lui présente ses dossiers de façon structurée, avec tous les filtres des réalités possibles et au moins deux options d'actions et il aime ça. L'écoute active est intense, comme un branchement très fort. Les problèmes sont vite abordés. Notre politique et son profil battant rejoint notre assistant et son profil perfectionniste sur la zone altruiste, ce qui est idéal pour l'intérêt général de la population et des entreprises. Cela fonctionne mieux qu'avec son ancienne collaboratrice très observatrice qui pouvait rentrer en opposition forte avec déséquilibre sans forcément mettre en avant ses convictions mais qu'il aimait bien envoyer au carton vers les opposants car elle ne craignait pas « trop » les coups. Pas quand elle fut violentée ce fut une fois de trop !

Le déjeuner approche. Il voit qu'il est déjà en retard. Lui aussi est structuré dans le temps et a horreur d'être en retard mais cette fois, il va faire effort pour montrer sa puissance « sur » ce lobbyiste un peu trop joueur qui « pour » le faire parler autrement et plus efficacement. Il va se donner la permission de le faire en se protégeant par une plage horaire plus souple l'après midi et en demandant à son assistant d'appeler juste à l'heure du rendez-vous pour évidemment respecter son image. Et pas question d'être dépendant, ni indépendant en lui fermant les portes, c'est du donnant-donnant, l'interdépendance ou rien.

Rentré à son bureau, il doit prendre 2 heures pour travailler en retrait et rédiger un discours pour la semaine prochaine. Son côté flexible est une force pour travailler au dernier moment mais il sait aussi qu'en disposant les grandes idées de façon structurée et les faisant vivre avant, son discours est plus riche et son stress moins fort au dernier moment, ce qui lui évite aussi de compenser par des séances de respiration et de ressourcement. Il dort d'abord 15 minutes, ce qu'il considère comme un rituel qui devrait être obligatoire dans toutes les organisations afin d'être plus efficace.

Il doit faire passer une vision et un chemin. Il se souvient des trois clés stratégiques : quoi ? Pourquoi ? et quand ? Avec quelles forces et quelles faiblesses. Il va également employer des mots correspondant à son auditoire d'experts comptables, donc plutôt concrets, objectifs, logiques, portant l'attention sur les faits, le résultat, qui sont organisés, planifiés, prévoyant, et qui décident en appliquant généralement une grille de critères objectifs en étant impersonnel, juste, ferme, et indépendant.

Nous découvrirons le reste de sa journée dans une deuxième partie…

LA PREPARATION MENTALE ET OPERATIONNELLE
SPM® DU CAVALIER DE CSO

Comme toute personne dans sa vie professionnelle ou personnelle, le cavalier peut réussir à atteindre ses objectifs. Il le fera si possible dans une approche globale à la fois technique, stratégique, opérationnelle et mentale qui l'aidera à se préparer à partir de certaines méthodes et de ses préférences de fonctionnement, qui ne seront pas forcément celles de son voisin.

Mais il le fera surtout en connaissance de son cheval qui est loin d'être une moto même si, on le nourrit, le nettoie, le soigne, le fait beau et présentable …et à qui parfois on parle.

Nous sommes samedi. Pierre se réveille tôt ce matin. Il a pourtant dormi dans son camion et est déjà sur le lieu du concours. Mais il commence la première épreuve de ce CSI 2* à 8 heures. La hauteur d'1,15 mètre n'est pas très élevée mais il sait que rien n'est acquis.

Sa nuit s'est bien passée. Sans doute parce qu'il avait fait le deuil de la barre tombée au dernier obstacle la veille. Pierre en profite aussi pour évacuer de ses pensées l'élément fragilisant sa *pyramide de Maslow* qu'il a appris hier soir et dont il trouvera certainement la solution. Gelant ce coup de théâtre, il se souvient trop de la fermeture cassée de sa botte qui l'avait énervé et dont l'énervement s'était sans doute reporté sur son cheval. Il doit faire cette compétition, à fond sans petite voix négative ni perturbation
Désormais responsable, il sait désormais ne pas reporter la faute sur son cheval ni jouer les *victimes.* Coup de théâtre, déni, colère, marchandage et reconstruction avec

44

le coup de tamis, toutes les phases ont été passées une par une. Il aime aussi les partager avec sa monture avec des mots précis comme préfère les entendre son cheval perfectionniste travaillomanne (PCM) et peu flexible sur les demandes *(P et T du MBTI)*. Deux jours avant la compétition, il avait déjà su lui parler pour le réconforter.

Avant de se lever il décide de s'ancrer un ressenti positif (PNL) qui permettra à son cerveau et son organisme d'aller de l'avant. Il se remet dans les conditions de « fontainebleau » à cette journée CSI3* s'était très bien passée avec une seconde place au barrage et une seule barre tombée. Il conservera cette « fiole de potion magique » pour la journée en cas de besoin urgent.

Après s'être habillé et avoir mangé correctement il s'en va vite s'inquiéter des changements possibles d'organisation ou des horaires pour réguler son stress. Il se sait assez flexible mais sait aussi que son cheval, très structuré, a besoin de prendre son temps (J) pour tout changement, contrairement à lui (P) et qu'il peut également stresser en cas d'attente. Pierre doit travailler pour ne pas miser uniquement sur sa grande flexibilité, et parfois son cheval a raison ! Il faut absolument qu'il soit à l'affut de la moindre information.

Pas question encore de monter avant la propre séance d'échauffement physique cette fois. Pierre a eu du mal à s'y mettre mais désormais il s'échauffe devant le camion à la vue de tous sans complexe car il sait que les autres aussi devraient en faire autant. Il se sent tellement mieux ensuite sur son cheval et celui-ci le lui rend bien. Etirements des bras, des jambes, rotation des genoux, des poignets, de la tête, du bassin et pourquoi pas quelques pompes.

Puis il réfléchit sur sa compétition. Stratégiquement son objectif est ailleurs, plus tard dans la journée et son côté conceptuel l'attend avec impatience. Il sait aussi qu'il ne doit pas négliger cette petite épreuve qui risque de le fragiliser. Il devra aller analyser chaque information sur sa zone d'ombre « S » et établir un objectif positif pour cette épreuve pour éviter de se remettre déjà en question. Nombre d'athlètes ou d'équipes ont échoué dans l'antichambre de leurs vrais matchs qu'ils n'ont finalement pas pu jouer. Face à ce parcours mais également face aux autres concurrents, bon techniquement, il sait que ses forces sont désormais aussi mentales et cela rassurera son cheval. Il a passé en revue sa check liste des *éléments contrôlables*. En plus de cette organisation apparemment peu stricte qui risque de perturber sa monture, un des *éléments incontrôlables* auquel il devra s'adapter sera peut-être la pluie qui arrive. Cette maîtrise de risque sur l'organisation fait partie de la *grille d'atteinte d'objectifs* pour réduire tout stress avant le parcours Les risques majeurs et inacceptables doivent être gérés.

Enfin, il pensera également à analyser trois éléments après son parcours.

Le voilà prêt à rejoindre le box. Il ne doit pas se mettre en retard sous peine de stress inutile. Il a de la chance d'avoir un groom. Il lui a d'ailleurs appris le « 5S » bien connue dans l'industrie : SEIRI (débarrasser) SEITON (ranger) SEISO (nettoyer) SEIKETSU (tenir en ordre) SHITSUKE (respecter les règles).

Pierre attendra d'être au paddock pour rentrer réellement en contact avec Pegaze mais pas tant qu'il n'aura pas fait le point dans sa tête et avant de franchir la *ligne imaginaire* qui le sépare de sa monture. Il n'est pas question de donner un « coup de jus » au cheval qui ressent dix fois plus les émotions que nous.

Pierre s'approche mais laisse Pégaze le rejoindre. Il lui parle en lui disant qu'il sait qu'il fera bien son travail mais qu'il doit aussi se faire plaisir pour réussir et qu'il peut compter sur lui car Pierre est plutôt *rebelle persévérant (PCM)*, *joueur et épicurien* et donc très complémentaire. Parfois il doit laisser faire son cheval, parfois il doit savoir lui faire découvrir le parcours autrement. Quand il contrôle sa passion et

46

revient donc vers les besoins psychologiques de Pégaze, Pierre continue d'avoir besoin de plaisir et de diversité mais peut canaliser son énergie et faire preuve de sobriété en maîtrisant ses émotions.

Le moment est ensuite venu de se brancher avec son cheval pour optimiser l'*écoute active*. Le groom sait qu'à partir de ce moment, il ne doit plus les déranger. Comme dans le film AVATAR, Pierre entoure bien le cou de son cheval en lui présentant sa nuque pour échanger leur énergie. Le couple cavalier / cheval peut désormais aller de concert. Ce branchement fait désormais partie du rituel de son *PRAJI* (Passe temps, Retrait, Rituel, Activité, Jeux, Intimité) d'analyse transactionnelle.

Enfin, au grand étonnement de ses concurrents, Pierre aime ressentir et *visualiser* le parcours avec son cheval, certain qu'il le comprend, en lui expliquant au moins trois points essentiel (N) et prenant en compte certains détails (S) importants.

Il peut désormais le monter et rentrer dans sa bulle en essayant de ne pas être perturbé par les autres participants du paddock. Ils chercheront à le distraire par concurrence ou pour assouvir leurs besoins extravertis de mise en confiance et se ressourcer alors que Pierre et Pégaze ont besoin de toute leur énergie pour aborder ce parcours.

Le cavalier avait compris cette osmose complémentaire avec Horse & Type. Cela n'avait pas été le cas pour Nathalie, son amie, qui avait du quitter son étalon pourtant acheté 300 000 euros pour cause de trop grande incompatibilité. Parfois ceci est difficile à comprendre. Pierre sait aussi qu'avec Roméo, le « fort » il doit se comporter plutôt en modérateur, en adulte raisonné, voire même parfois en enfant adapté.
Pierre est désormais au paddock depuis 15 minutes. Cette mise en condition a certainement répondu aux besoins psychologiques de Pégaze plus inquiets que la

majorité des chevaux et c'est pour cela qu'ils vont se placer au moins dans les trois premiers. Justement, il est appelé dans deux chevaux...

COACHING MENTAL ET OPERATIONNEL
DU GOLFEUR

Comme toute personne dans sa vie professionnelle ou personnelle, le golfeur peut réussir à atteindre ses objectifs. Il le fera si possible dans une approche globale, en passant en revue les contenus des concepts golf & type de connaissance de soi et de golf & brain sur les techniques stratégiques, opérationnelles et mentales.

Grâce au modèle SPM® (Stratégie, Processus, Psychologie, Marketing, Management, Mental) de NOVIAL® le golfeur saura se préparer et mettre en œuvre certaines méthodes mais avec ses préférences qui ne seront pas forcément celles de son voisin.

Nous sommes samedi. Paul, notre golfeur vient de quitter son domicile et est en voiture sur le chemin du terrain pour une séance de practice puis un parcours avec des amis avec cependant l'enjeu de payer le repas. Parfois en semaine, l'enjeu est la signature d'un contrat… A-t-il passé la *ligne imaginaire* ? A-t-il fait *le deuil* des embarras du travail, de la dispute avec son épouse la veille, du fait qu'il part encore un samedi ? A-t-il fait le point sur sa *pyramide de Maslow* pour connaître quels étages avaient pu être fragilisés pour éviter d'y penser en jouant en regrettant même d'être venu ? A t il fait le plein de « *fioles de potions magiques* » (PNL) qui aideront son cerveau à se remettre en *attitude positive* mais seulement à certains moments en se rappelant qu'il ne doit pas en abuser et que, comme le dit son médecin, « les antibiotiques, c'est pas automatique ».

Il se connaît bien. Sa préférence *introvertie*, plutôt qu'e*xtravertie,* (MBTI) fait qu'il profite de cet instant seul en voiture pour se ressourcer loin des bruits et des contacts.

Il fait le deuil de la réunion un peu houleuse de la veille. Il décidera qu'il passera la ligne imaginaire à la sortie de sa voiture. Mais le fera s'il estime qu'il est prêt avec toutefois un maximum de 2 minutes après avoir éteint le moteur. Cela le forcera à entrer en action et aller de l'avant mais en respectant cette période et restant dans sa bulle même si des mais le voient arriver sur le parking. Après avoir passé le déni et la colère des événements passés, il profitera de la nationale pour le marchandage et se reconstruire. Que gardera t il dans le *tamis* ? Il ne le sait pas encore. Il sait par contre que l'exercice est difficile et décide de prendre une de ses fioles de potion magique « golfique » ancrée et sauvegardée comme un fichier d'ordinateur. Il se revoit sur ce magnifique parcours de St Germain en Laye où il avait joué moins cinq sur le retour. Quand il le voulait il pouvait être serein et fort.

Arrivé sur le parking, il se souvint aussi de sa préférence *structurée plutôt que flexible*, lui permettant d'être rassuré sur l'aspect logistique. Il avait regardé la météo la veille pour connaître l'équipement à ne pas oublier afin de ne pas faire effort mentalement et inutilement pour compenser tout oubli avant le parcours. Il se rappelait trop l'épisode de la pluie qu'il avait sous-estimée la semaine dernière et qui lui avait gâché les premiers trous. Il sait qu'au golf, le mental représente 90%, le physique 8% et la mécanique 2%.

Il sort son sac ou apparaît son blason et surtout sa devise : « confiance et efficacité ».

Avant de se rendre au practice, il décide de respecter le *PRAJI* des règles de vie du club avec le *rituel* des salutations en adaptant ses mots en fonction de chaque personne après avoir dit bonjour mais sans trop écouter les *empathiques*, ni jouer avec les *rebelles* et les *persévérants* ou se faire mal avec les *promoteurs*. Il ne veut pas perdre le bénéfice du ressourcement mais comprend, par sa vision partagée des choses et des comportements, que son ami Georges ait besoin de se ressourcer quant à lui en allant voir les autres.

Il prend la direction du practice. Un autre rituel et *élément contrôlable* important l'attend : l'échauffement avant de mettre les pieds sur le tapis, trop oublié des golfeurs mais ô combien important pour l'attitude et la culture sportive surtout pour ce sport dont les gestes très complets font travailler de nombreuses parties du corps et peuvent être d'une violence, notamment à l'impact ou en cas de loupé.

Aujourd'hui il s'accorde 15 minutes de practice sans exercice particulier à régler. Il essaiera de mettre en pratique les derniers enseignements de son coach technique tout en respectant la méthode de son coach méthodologique et mental. Il va rester équilibré dans *l'acquisition et l'exploitation de son potentiel* entre les deux approches. L'objectif sera de vérifier *l'équilibre énergétique, émotionnel et technique.* La période où il jouait bien un jour sur deux est terminée. Il est désormais capable de commencer à bien jouer dès le premier trou et surtout sans trop chercher à se rassurer sur le practice mais en considérant plutôt cette phase comme un parcours sans filet plutôt qu'un lieu rituel d'échauffement.

Il tentera de rester dans la force introvertie de sa bulle sur le practice et le dire aux autres qui sauront peut être respecter son isolement
Sa motivation est *perfectionniste* mais il doit aussi *apprendre à aimer le jeu comme un épicurien* et se faire plaisir. Il sait aussi *aider les autres* et intervenir en *modérateur*, sans efforts mais parfois même un peu trop en oubliant de se concentrer sur son jeu.

L'originalité, pas rapport aux autres locataires du practice, est qu'il dispose ses clubs comme pour jouer le parcours. Après une toute petite phase d'échauffement musculaire et de ressenti du practice avec chaque club, il se permettra un coup d'essai non frappé et non mangeur d'énergie hors balle par coup tapé avec balle, comme sur le parcours. Aujourd'hui il abordera les 5 premiers trous en essayant de vivre et de *visualiser* le parcours qu'il connaît bien. Si cela n'avait pas été le cas, il aurait soit fait une reconnaissance, soit pu se servir du livre de parcours à disposition au club, soit imaginer le parcours en misant sachant aller sur son côté *conceptuel*, soit enfin reprendre un ancien parcours pour simplement se mettre en condition.

Il liste d'abord les *éléments contrôlables*. Il s'aperçoit qu'il n'a pas coupé la sonnerie du téléphone mais que cette fois-ci il a mis sa bouteille d'eau dans son sac. Quant aux *éléments incontrôlables,* il ne connait pas un des quatre joueurs de la partie prochaine ni le joueur de practice à sa gauche mais maîtrise le parcours et avait prévu la météo comme les travaux sur la route qui auraient pu le mettre en retard. La position des drapeaux lui importe peu à son niveau encore moyen. Il espère que le bunker du 3 a été rempli pour éviter la lèvre trop frontale et que cette fois les jardiniers vont les laisser tranquilles…

Stratégiquement, il souhaite aujourd'hui faire une moyenne d'un au dessus du PAR et être en avance en terme de points au départ du trou n° 10 à cause de la difficulté des 12, 14 et 16 (*quoi, pourquoi, quand*). C'est un *objectif mesurable, réaliste et réalisable et déterminé dans le temps (SMART)*. Reste ensuite la suite de l' « *OPACQ* » (*où, quand, quoi, pourquoi, …*) pour l'atteindre.

Revenons au practice où Paul pourrait aussi appliquer cette stratégie. Il va aborder le trou numéro un. C'est un PAR 5 de 465 mètres. Il sort donc son driver, place sa balle et se recule derrière le tapis et la ligne imaginaire. Il va utiliser sa force introvertie pour analyser ses *forces et faiblesses* par rapport aux *opportunités et menaces* qu'il peut rencontrer sur le trou (SWOT). Mais pas trop longtemps il le sait. Il va utiliser sa *force pratique « S »* qui lui donne les détails. Il devra les assembler en allant aussi sur sa *zone d'ombre opposée conceptuelle « N »* en position d'hélicoptère. Cela lui permettra de voir les différentes options de jeu, et d'en faire une synthèse, comme par exemple envoyer la balle à droite de l'arbre. Mais il aura aussi réalisé une *analyse de risque* du *coup d'après* avec d'une part l'impact en terme de *coût* énergétique, de *délais* de parcours et la *performance* et d'autre part la probabilité d'apparition du risque, par exemple significatif vers cet arbre ou vers le bunker proche du point d'impact d'un bon drive (AMDEC). Il sait que son côté « F » lui joue des tours et que parfois il devrait être plus raisonnable.

Et il devra choisir cette option avant de décider de jouer et surtout de passer sa ligne imaginaire. Il devra « faire son affaire à la petite voix » qui lui dit, à l'adresse, qu'il risque de louper, avec un impact énorme sur son mental. Il sait que contrairement à Pierre plutôt « S », il prend les choses très à cœur comme un « F », que sa ligne de flottaison émotionnelle entre la perception, le ressenti et l'expression est très basse et que s'il loupe son coup ce sera de sa faute. Pierre, lui, prend cela pour un processus qui ne l'atteint pas, même si parfois il devrait venir le rejoindre mentalement quand il perd sa balle pour partager ce souci et cet effort personnel.

Il sait d'ailleurs que si sa tête va bien, il se mettra bien à l'adresse en mettant toutes les chances de son côté. Certains golfeurs viennent jouer pour le plaisir d'un ou deux coups réussis, d'autres pour gagner. Après un coup d'essai avant de passer la ligne imaginaire, le premier coup part, moyen. Paul commence à passer en revue les *phases de deuil* dès la fin de son swing pour bien aborder le second coup et évacuer le fait qu'il a peut être pris la mauvaise *option* (GROW). Il a compris certains points techniques (…) qu'il faudra revoir avec le Pro. Il visualise l'endroit où peut se trouver sa balle, sous cet arbre. L'objectif qui était d'atteindre le green en trois coup est désormais compromis, reste possible mais est ramené à 5/10. Paul marche « sur ses deux pieds » et va alors mettre en place certaines mesures, sécuriser son jeu sans pour autant prendre une fiole de potion magique pour l'instant car il n'est pas en danger.

Revenu derrière le tapis et la ligne imaginaire, il voit le drapeau accessible mais imagine un fairway non tondu, sans être dans le rough. Il pourrait se rabattre sur un fer plus ouvert mais en se mettant en position META et en allant sur sa zone d'ombre « N » il voit aussi les branches qui risquent de gâcher son coup. Il en déduit donc qu'il pourra tout de même taper un fer quatre pour assurer la trajectoire en se souvenant des détails que le Pro lui a enseigné pour le grip. Il en profite pour faire un SWICH pour faire disparaître ces branches. C'est maintenant qu'il prend son fer. Avant il aurait pris le 4, puis repris le 7 puis repris le 4 et embrouillé son cerveau et consommé de l'énergie. Il recommence le rituel, muselle la petite voix et franchit la ligne. Il se met correctement à l'adresse et swing….

Il recommencera avec son fer neuf. Sa balle est maintenant sur le green, il la voit, l'imagine. Son back swing se termine correctement . Il recharge la batterie.

Paul pose son club, enlève son gant pour mieux imaginer ressentir son club, casser l'accoutumance et gérer sa courbe énergétique. Il prend son club et s'imagine putter. Il peut même le faire sur le tapis. A quoi bon s'entraîner sur un putting green qui ne correspond pas forcément à celui que l'on retrouvera sur le parcours, sauf à doser l'hydrométrie. Et il recommencera cet exercice deux ou trois fois. De cette façon il sera prêt dès le premier trou sans faire une trop grande pause avant de jouer pour rester dans la mémoire musculaire. Il saura aussi tirer trois éléments de feed-back de cet exercice

Sur le parcours il pourra mettre en œuvre l'interaction avec les autres, son interdépendance au terrain, sa gestion du stress sur chaque obstacle potentiel ou vécu, sa victimisation, son 5S, etc … mais avec l'impression de marcher sans peur sur la ligne qu'elle soit à même le sol, comme dans ses entraînements de judo, ou à 5 mètres de haut sans peur et avec efficacité.

DEGRES D'AUTONOMIE DEGRES D'APPRENTISSAGE
ET SECURITE ROUTIERE

Comme nous l'avons vu, le MBTI peut être un excellent outil de connaissance de soi pour la sécurité routière. Afin d'atteindre une conduite équilibrée, un certains nombre d'autres méthodes, complémentaires aux typologies de personnalités, peuvent aider les stagiaires à atteindre leurs objectifs à travers une conduite plus équilibrée.

Mais sans venir aux stages de récupération de points, chaque conducteur peut aussi apprendre les degrés d'autonomie et d'apprentissage et même s'en servir dans tous les moments de sa vie.

Les degrés d'autonomie sont au nombre de quatre.

Tout d'abord la dépendance -/+ : Je suis moins fort que l'autre, que celui qui vient en face, qui veut forcer le passage, qui me presse et me force à griller le feu comme le commercial paillasson qui sent qu'il va avoir du mal à répondre à vos attentes. Est-ce la bonne attitude ?

Ensuite la contre dépendance -/- : il ne s'engage pas sur le carrefour, moi non plus, je ne m'arrête pas, lui non plus, comme lui je me moque de ce qu'il peut arriver comme le commercial hérisson qui préconise d'aller donc voir ailleurs car il pense ne pas pouvoir vous servir, et cela tombe bien car vous n'êtes pas décidé. Est-ce la bonne attitude ?

Puis vient l'indépendance +/- : vous êtes plus fort que l'autre : c'est moi qui passe, il va ralentir si je double, comme le commercial polisson qui dit « c'est à prendre ou à laisser » ou « c'est comme ça et pas autrement ». Suis-je le plus fort sur la route ? Plus fort que l'auto ou le camion qui me croise ? Le jeu en vaut-il la chandelle ? Il s'agit souvent d'une recherche systématique de *pouvoir sur quelqu'un* ou *pour quelque chose* ou *pour réaliser quelque chose* en se donnant la permission d'agir sans forcément avoir de protection selon la *règle des 3P*. N'oublions pas les réalités et les limites de la taule et du corps humain. Est-ce la bonne solution ?

Et enfin l'interdépendance +/+ : savoir passer par imbrication quand deux lignes se rejoignent, savoir laisser passer le piétons ou la voiture, savoir vivre ensemble sur un rond point sachant que d'autres attendent déjà, comme le commerçant à l'unisson et le client qui ont du plaisir à négocier car ils savent s'écouter et se comprendre, même si sur certains sens giratoires, comme celui de la place de l'Etoile à Paris, il faut souvent savoir creuser son passage avec miraculeusement peu d'accrochages.

Une fois le tour du cadran effectué dans le sens contraire des aiguilles d'une montre, il vous est possible d'atteindre le degré de maturité et de maîtrise d'énergie.

Cette autonomie peut aussi s'analyser comme un genre d'équilibre et de symbiose complémentaire entre les positions de parent, d'adulte et d'enfant. Si une personne aime être plutôt enfant et laisser passer les autres plutôt *parents* ou *adultes*, pourquoi pas ?

S'agissant des degrés d'apprentissage, j'invite le lecteur à parcourir l'article *degrés de compétence et jeux olympiques* suite aux non résultats en escrime et équitation. Réapprendre à marcher en sécurité routière signifie comprendre que de 50% des accidents ont lieu à proximité du lieu de départ ou d'arrivée et surtout sur les trajets domicile-travail où plus rien peut n'arriver, comme cet alpiniste qui se tue après 25 ans d'expérience comme s'il était devenu Superman...Hélas ce réapprentissage intervient aussi pour ceux qui réapprennent à marcher ou à parler après un accident

Dans la logique *SPM*, j'emploie aussi par exemple ce réapprentissage pour valoriser tous les membres des équipes ou quand une entreprise change d'organisation ou ne prend pas conscience qu'il faut changer si au bout de 20 ans elle reste identique alors que le personnel a fortement augmenté

LE STRESS MAL DU SIECLE ?
A EN OUBLIER SES BIENFAITS

S'il fallait utiliser une métaphore, je dirais que « le stress c'est comme le cholestérol, on ne voit généralement que le côté négatif » que l'on utilise souvent comme un bouclier. On le subit comme une fatalité inéluctable et on se réfugie volontiers rapidement vers les traitements curatifs avec leurs possibles effets secondaires.

C'est à en oublier d'une part le côté positif du stress dans notre vie professionnelle et personnelle, d'autre part la prise de conscience qui peut conduire à l'équilibre entre les relations et enfin les outils qui peuvent aider à le maîtriser plutôt que le soigner.

Qui n'a pas vécu ni subi une situation de souffrance au travail, un conflit avec ses chefs ou ses collaborateurs, avec des clients, des banquiers, des concurrents ? Qui n'a pas vécu un événement personnel et familial qui a pu apporter un certain mal-être ? Et bien sûr c'est souvent voire toujours la faute de l'autre ou du système.

Après les radars sur les routes pour limiter les accidents mortels et le coût de l'insécurité routière, pourquoi ne pas installer des matériels contrôleurs de stress pour sanctionner la pénibilité au travail et limiter le nombre d'événements malheureux ? Et par là même faire un 360° et mettre à l'amende un cadre un peu trop directif et cassant souvent parce que…son chef l'est finalement aussi ou encore parce que son collaborateur ne peut vivre comme il le souhaite en essayant parfois néanmoins de prouver qu'il ne réduit pas pour autant son efficacité ?

Et donc le stress négatif va-t-il sanctionner les faibles à cause des forts qui ne veulent pas montrer qu'ils peuvent l'être également, voire même davantage ? A se demander qui est le plus stressé…Et les remèdes seront souvent une bonne ordonnance avec des antidépresseurs, un arrêt de travail, voire des drogues en tout genre ou une bonne bouteille d'alcool pour voir la vie autrement et réduire le taux de cortisol, hormone régulatrice pouvant se transformer en sur-stimulant de l'organisme jusqu'à l'épuisement.

La vérité et les solutions sont souvent ailleurs, et souvent dans la façon de se prendre en main, dans la manière raisonnée d'agir, voire de se faire aider. Car c'est oublier un peu vite le « cadre de référence », les réalités personnelles, matérielles, économiques, cycliques de l'entreprise et de la vie ainsi que les options pour atteindre chaque objectif, souvent vues différemment entre les personnes et notamment entre le manager et son collaborateur.

Mais d'où vient donc ce stress qui nous donne mal au dos ou au ventre, qui nous empêche de dormir, qui nous rend agressif, qui dégrade nos relations construites souvent avec patience, qui nous aspire notre énergie souvent sans résultat, qui produit une forte sécrétion de substances et et qui parfois nous enlève même la vie ?

En prenant un certain recul sur les notions de pouvoir, puissance, permission, victimisation, sauvetage, persécution et responsabilisation, la plainte du stress n'a-t-elle pas finalement bon dos ?

Nous adoptons des comportements confortables si nos tendances naturelles rejoignent les demandes de l'environnement, en clair si tout à l'air facile à faire sans barrière ni désagrément.

Dans le cas contraire, face à une personne, une situation, un comportement a priori hostile, car employant un style de fonctionnement différent, nous ressentons une opposition et cherchons à résister, à nous protéger en insistant légèrement puis fortement sur nos façons de voir ou de faire avec souvent une série de comportements déstabilisants propres à chacun.

Si nous n'arrivons pas à nos fins, nous passons alors violemment sans maîtrise dans nos « zones d'ombre », le côté obscur de la force, notre façon inhabituelle de fonctionner…avec une consommation d'énergie et une sécrétion de substances et des effets indésirables d'autant plus forte que nous avons résisté … en vain. Scientifiquement, le cortisol chargé d'augmenter le sucre dans le sang par besoin d'énergie épuisera l'organisme par saturation avec apparition à terme de pathologies cardio-vasculaires, musculo-squelettiques, infectieuses, hypertension artérielle, maladies de peau et même régression des neurones du cerveau (sciences et avenir mars 2010).

Une solution consistera d'abord à mieux se connaître soi-même notamment sur nos façons de nous ressourcer (avec les autres ou sur soi-même), de prendre nos informations (de façon concrète ou conceptuelle), de prendre nos décisions (la tête froide avec logique ou avec nos convictions et nos valeurs) et de fonctionner en général (de façon structurée ou flexible). Les initiés reconnaîtront les polarités de Jung modélisées à travers le MBTI, outil de personnalité le plus utilisé au monde. J'aurais également pu illustrer pas d'autres outils comme par exemple les 9 pôles de l'Enneagramme ou les 6 niveaux de la Process Com®.

La prise de conscience de cet équilibre va nous permettre de limiter l'effort en allant sans trop attendre et avec maîtrise sur nos zones d'ombre avec un dosage conscient de nos dépenses d'énergie. L'idéal étant de pouvoir atteindre un certain équilibre comme « marcher sur ses deux pieds » mais sans toutefois oublier son pied d'appel, sa propre identité.

Mais cette attitude et son apprentissage va aussi nous permettre d'être en tension et en vigilance permanente pour garder cet équilibre, ne pas uniquement faire confiance à nos préférences, limiter certains risques, éviter certaines erreurs, certains effets désagréables et autres événements fâcheux.

Par exemple, en terme de sécurité routière, savez vous que les accidents mortels ont lieu davantage sur route sèche, droite et en bon état où certain prennent de la vitesse par bien être (alors que d'autres, certes, en profitent pour regarder le paysage ou font les deux !) plutôt que mouillée, en virage et avec des trous et bosses … qui nous ont stressés, qui ont éveillé nos sens et nous ont fait ralentir (sauf si bien entendu vous vous êtes endormis ou jouez avec votre téléphone…). Au bureau, cette tension minimale entretenue par le système limbique et le système nerveux sympathique vous permettra d'être « toujours prêt », d'affronter un imprévu, d'endiguer sans attendre une situation relationnelle conflictuelle. Elle vous permettra aussi de faire valoir autrement votre richesse de préférence de fonctionnement car affichée de façon plus mesurée permettant de tomber en « interdépendance » gagnante, relativiser les directives et donner envie plutôt qu'imposer. Au golf, cette position médiane vous évitera de penser que « vous êtes nul » si on vous voit chercher votre balle alors qu'il ne s'agit que d'une défaillance explicable et souvent partagée ! Avant de chanter en public, cette relativisation vous mettra dans la confiance. Dans votre vie de couple ou avec vos enfants, il vous permettra d'éviter beaucoup de conflits en comprenant d'abord sans juger.

C'est ce que j'appelle le stress positif par rapport au stress négatif qui est le trop plein et le dépassement d'une certaine capacité d'adaptation par manque de prise de conscience et d'apprentissage.

Faire ressentir et valoriser le stress positif permettra ainsi certainement de mieux soigner le stress en général.

Mais même avec cette relativisation, il conviendra de toute façon d'éliminer les substances qui pourront être apparues. Et là encore les solutions seront différentes en fonction des personnalités. Quand certains iront courir, d'autre feront du yoga et de la thalasso…et d'autres feront un bilan comptable de plus !

DU MANAGEMENT DES RISQUES AU MANAGEMENT PAR LES RISQUES

Comme avec la qualité ou le domaine social, les risques sont considérés comme le tiroir d'un meuble que l'on n'ouvre lorsqu'il faut vraiment le faire en essayant vite de jeter la clé alors qu'il s'agit pourtant d'un vecteur clé d'implication et de responsabilisation des personnels de façon individuelle et collective dans la vie de toute forme d'organisation.

Plutôt qu'être contraints à gérer les crises, comme nous aimons le faire en France, il est également possible de mettre d'autres lunettes et prendre davantage de temps en amont des processus pour anticiper et nous poser certaines questions nous permettant de prendre le bon chemin dans de bonnes conditions. Sans oublier ensuite de capitaliser les acquis.

Il existe certaines définitions connues du risque. Mais au-delà, il convient surtout de retenir que rien ni personne n'est à l'abri de quoi que ce soit, qu'un événement peut toujours arriver mais que l'on peut en limiter les effets par une préparation en ne négligeant aucune option. Les Japonais avait bien prévu un mur de 5 mètres pour arrêter la mer à Fukushima dans le cas d'une magnitude maximale de 7,4. Ils ne pensaient pas qu'un super tsunami de magnitude 9, comme il y en a mille ans à cause de plusieurs aspérités en résonance, pouvait revenir avec une vague de 15 mètres. Ces nouveaux constats ont ensuite engendré en France une expansion des zones à risque sismique et une veille accrue sur Nice mais aussi sur la moitié du territoire. Il en est de même pour des travaux ou un accident imprévus sur la route, voire une roue crevée qui ne sont certes pas forcément des éléments contrôlables. Par contre, le simple fait de regarder la météo la veille peut vous pousser à partir un peu en avance pour ne pas subir les ralentissement qui apparaissent généralement en temps de pluie.

L'effet de levier de la vision globale

Sur les projets industriels, au stade de la préparation et de la conception, il s'agira d'examiner de façon globale les scénarii, définir les objectifs mesurables, réalistes, réalisables déterminés dans le temps en les passant dans le filtre des réalités de nombreuses familles d'éléments à analyser (risques politiques, pays, clients, expression de besoin, définition initiale, plan directeur, budget, organisation, approvisionnement, sécurité ; HSCT, HQE, contrat, essais, interfaces/interopérabilité, environnement normatif, SLI, gestion de configuration, technique, processus, exploitations, autre...) pour définir les impacts de telles actions ou tel manque en matière de coûts, délais et performances, voire posséder des éléments de gel ou d'arrêt d'un projet. La maîtrise du TOP 10 des risques permettra de montrer une parfaite connaissance du sujet et rassurer la gouvernance et les partenaires. Mais il s'agira aussi de ne pas se cacher derrière une disposition prise considérant que le sujet est traité définitivement.

En matière économique, les risques sont présents mais souvent couverts par les aléas de la conjoncture et les orientations politiques pratiquant le tâtonnement valrasien.

En matière de commissariat aux comptes, l'expert auditeur ne cherchera pas forcément toutes les erreurs mais celle qui pourra induire en erreur de façon significative la personne non initiée.

En matière de politique internationale, même avec un traité, le risque d'un mot ou d'une attitude de trop peu enclencher une guerre économique, voire une guerre militaire.

En matière environnementale, le risque n'est pas suffisamment lié à notre santé et notre bien-être et nous empêche de prendre conscience des réels objectifs à atteindre.

En matière de sécurité et de sûreté, le risque est la composante de base, mais autant trop d'info tue l'info, autant trop de risque tue le risque et là encore le top 10 est important.

Dans l'entreprise, le risque est trop souvent considéré comme un éléments financier qui peut être couvert par une assurance afin de couvrir une fluctuation de cours, une mauvaise décision, limiter des pertes d'exploitation ou remplacer les compétences d'une personne clé. On parle aussi de risque de change, sauf désormais dans la zone euro. Même les agriculteurs se familiarisent au risque de fluctuation des cours du blé en jonglant avec les options.

Ces garanties mises en place empêchent souvent de penser et de prendre conscience de certaines réalités et de certaines responsabilités. Fernand Reynaud nous faisait rire avec son histoire de conducteur arrêté par la gendarmerie pour « bonne conduite » et qui toucha une somme d'argent pour enfin aller passer son permis de conduire. Les automobilistes sans permis et sans assurances, débusqués lors de contrôles, roulent parfois mieux que les autres car font attention à chaque élément du fait justement d'une absence de couverture.

Les banques pourraient sans doute penser autrement vis-à-vis des entreprises en prenant des risques, de toute façon réassurés, comme elles le font en plaçant l'argent qui n'est pas le leur sur des marchés spéculatifs qui n'ont aucun lien avec la vraie vie.

Comme en stratégie, une prise de recul de quelques heures, qui semble gâchée car improductive, peut économiser quelques mois à réduire les problèmes latents.

Beaucoup de PME ont découvert la notion de client à travers l'ISO 9001 et découvrent la culture des risques à travers leurs obligations réglementaires imposées comme une contrainte par l'état, leurs fournisseurs ou la norme qui transforment la démarche en des tableaux de paperasse. Elles ne voient pas bienfaits pour l'organisation et rédigent leur document à la va-vite en laissant souvent le responsable qualité s'en charger. Il en est parfois encore le cas pour les grandes entreprises qui se croient protégées par leur taille. Rappelons nous qu'Arthur Andersen était le temple de l'audit et qu'UAP s'est faite mangée par AXA. L'analyse de la valeur peut souvent surprendre quand la défaillance d'un composant à 10 euros peut immobiliser un engin de plusieurs millions

Un processus défini mais trop souvent tronqué

L'analyse d'un risque s'insère dans un processus AMDEC passant par des phases d'identification en le mettant dans la moulinette des impacts et des causes, d'évaluation quantitative et qualitative en terme de coût, délais et performance, puis de traitement. Réaliser les fiches de risque avec un pilotage par action et leur consolidation en tableau de bord donne souvent simplement bonne conscience alors que ce tableau peut être un vrai outil de pilotage. Deux phases sont souvent négligées : celle du suivi puis de la capitalisation ainsi que de la notion de Reverse Management comme dans l'analyse et le management des coûts par activités (ABC/ABM) qui peuvent installer une réelle culture de l'optimisation pour ne plus ouvrir la « boîte à risques » pour les audits mais développer un réflexe systématique et s'en servir de façon régulière tout en sachant aussi sortir de l'ornière de l'habitude … qui est aussi un risque. Après avoir créé une ingénierie concourante d'un maximum d'acteurs dès le départ, les interviews individuelles mixées aux confrontations collectives créeront une vraie autorégulation d'équipe avec un manager apprenant à devenir porteur de sens en abordant les risques sans appréhension.

L'effet de levier humain

Mais tout ceci ne va pas de soit. Pierre, Paul, Jacques, Magali ne verront pas, ne comprendront pas et ne communiqueront pas de la même façon même s'ils parlent la même langue et même s'il doivent concourir à un objectif commun au profit de leur organisation et il est parfois difficile de l'assimiler. Mais tout est possible quand on sait que ceux qui cherchaient à rouler le plus vite sur la route s'amusent désormais à consommer le moins pour positiver l'appréhension des radars et des procès verbaux ou écrits !

Comme pour la musique ou le sport de balle, la culture du risque est innée pour certaines personnes ou profils de personnalité. Elle peut néanmoins aussi s'acquérir par les autres. Les outils de polarités d'analyse des préférences du MBTI, de la PCM et du Team Management System sont là pour permettre d'économiser de l'énergie et de gagner en coût, délai et performance.

L'apport pour le management de l'organisation se fait notamment sentir d'une part quand il s'agit de déterminer les risques où l'on voit bien d'une part les personnes qui s'attachent soit au détail ou aux possibles puis d'autre part quand il s'agit de choisir les degrés de criticité et de positionner le curseur, voire engager des actions celles qui se mettent à la place ou qui agissent avec la tête froide sachant que les deux approches peuvent et doivent être complémentaires.

Quel meilleur témoignage qu'entendre «et dire qu'il aura fallu s'attaquer aux risques pour apprendre à nous connaître, mieux travailler ensemble et être efficace dans nos processus et nos décisions ! Maintenant nous ne pouvons plus nous en passer».

Table of Contents

A la suite des Fabliaux du Management, cette série de recueils de management rassemble certaines fiches et articles utilisés notamment lors d'interventions en conseil, coaching, animation ou formation. Chacun illustre une facette ou un thème pouvant faciliter la compréhension et l'optimisation de la relation, des structures et des projets ainsi que des attitudes et des situations suscitant la prise de conscience dans des univers différents. Je vous invite à lire ces histoires sur « vos deux pieds » et mettant parfois « d'autres lunettes ». Comme pour les fabliaux, vous pourrez lire, assimiler et mettre facilement en pratique une fiche par jour. Vous y retrouverez certaines métaphores illustrées et vous y découvrirez également certaines méthodes de gestion des organisations simples ou complexes. Mais y figurent cette fois davantage d'outils de psychologie et de coaching qui font partie du concept de la boîte à outils SPM (Stratégie, Process, Psychologie, Management, Marketing, Mental) que j'ai créée pour vous aider à mieux comprendre certaines réalités et mieux atteindre vos objectifs ainsi que ceux de votre organisation.

 François CHARLES est coach professionnel, conseil et formateur individuel et collectif. Il est créateur de NOVIAL Institute et Consulting et animateurs d'un groupe d'intervenants en stratégie, intelligence économique, management et développement personnel. Il a acquis une connaissance et une intelligence globale des métiers, du vocabulaire et des enjeux des organisations à travers des expériences fonctionnelles et opérationnelles en stratégie, management, maîtrise des risques, protection financière et sociale, coopération et négociation internationale. Après un passage dans l'armée de terre, il exerce à la Délégation Générale pour l'Armement puis dans l'industrie et comme consultant dans un grand cabinet d'audit puis de façon indépendante, au profit structures, des projets, des cadres, des dirigeants et des équipes. Convaincu de l'effet de levier humain, il est certifié MBTI individuel et collectif et Team Management System, formé au 360°, à la Posture de

Coach, à la Process Comm, à l'Ennéagramme, à la PNL et à l'Analyse transactionnelle, à l'intervention de crise humanitaire internationale, à l'analyse transactionnelle et au renseignement. Il suit les déontologies de la Société Française de Coaching et de L'International Coach Federation (ICF) dont il est membre France et monde. Il est auteur des « fabliaux du management – penser autrement pour agir autrement» (Ed. Chiron 2002), d'ouvrages sur la politique générale européenne, des booklets mémos®, du modèle SPM® et intervient également comme professeur vacataire dans certaines universités et écoles de management.

www.ingramcontent.com/pod-product-compliance
Lightning Source LLC
Chambersburg PA
CBHW031447280326
41927CB00037B/391